LK⁷ 2732

BIBLIOLOGIE LOCALE.

—

NOTICE HISTORIQUE

SUR L'ANCIENNE VILLE ET COMTÉ

DE

FAUQUEMBERGUES,

PAR

L'ABBÉ ROBERT,

Curé de Merck-Saint-Liévin,

MEMBRE CORRESPONDANT DE LA SOCIÉTÉ DES ANTIQUAIRES DE LA
MORINIE, DE LA SOCIÉTÉ ROYALE D'ARRAS, ETC.

—

1844.

—

SAINT-OMER,

IMPRIMERIE DE VAN ELSLANDT.

1846

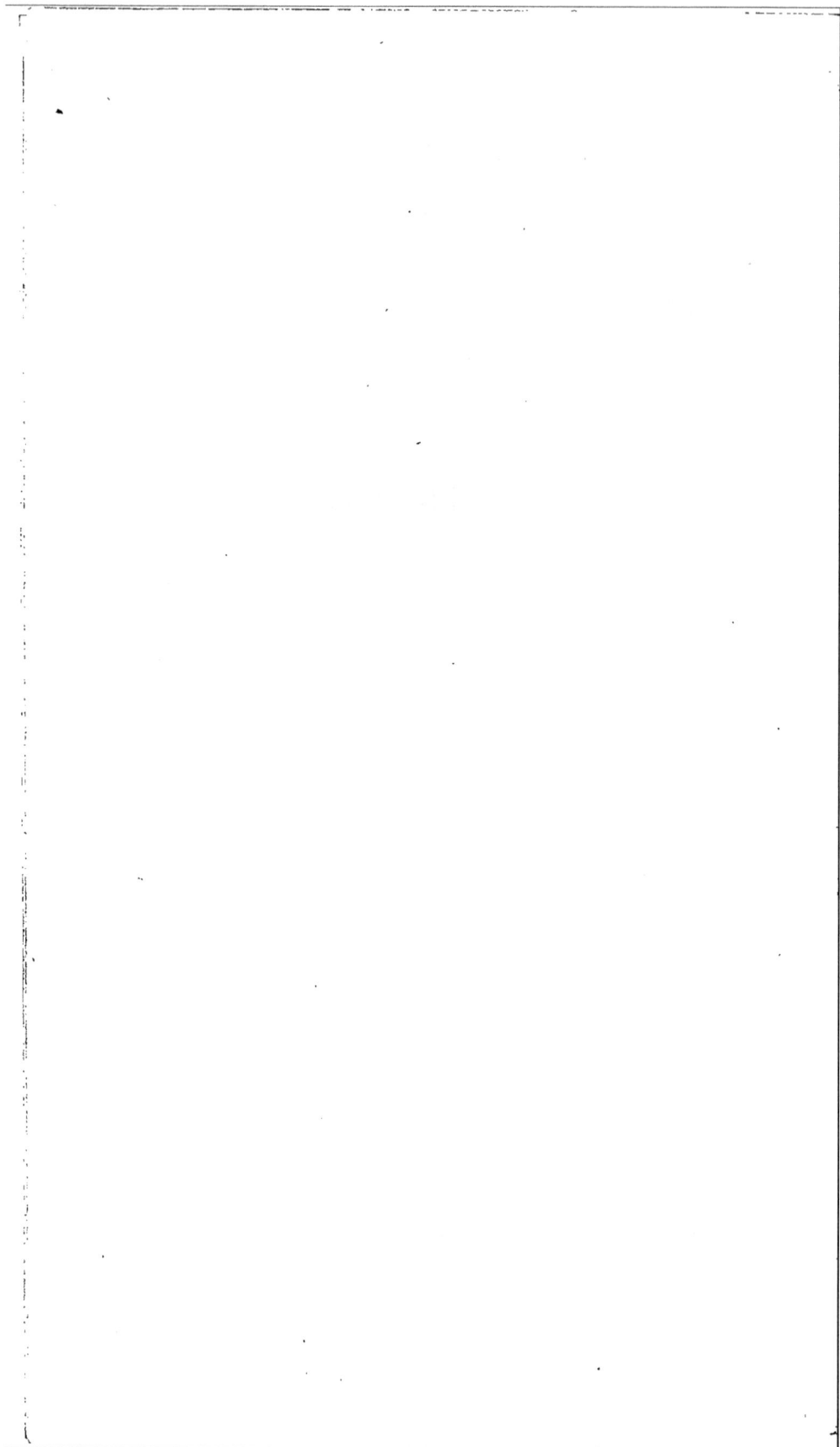

A son Éminence

*Monseigneur le Cardinal de la Tour-
d'Auvergne, Évêque d'Arras,*

Monseigneur;

Jamais bonheur ne sera comparable au mien, si votre Éminence me permet de lui faire le nouvel hommage d'une Notice, qu'elle seule m'a inspiré d'écrire.

La lettre dont vous m'avez honoré, à l'occasion de mes histoires de MERCK-SAINT-LIÉVIN et de THIEMBRONNE, résultat de votre circulaire (18 juillet 1838), m'a singulièrement stimulé dans ce genre d'étude.

Si donc votre Éminence daigne encore faire le même accueil à L'HISTOIRE DE FAUQUEMBERGUES que j'ai l'honneur de lui offrir aujourd'hui, je le regarderai comme ma plus grande récompense.

Permettez-moi, Monseigneur le Cardinal, de vous en exprimer par avance ma plus vive reconnaissance, et de me dire avec le plus profond respect,

de votre Éminence,

Le très-humble et très-obéissant Serviteur,

ROBERT,

DESSERVANT DE MERCK-SAINT-LIÉVIN.

PRÉFACE.

Guidé par le plaisir de répondre au besoin de l'époque, je viens offrir aux Sociétés savantes, qui ont bien voulu me recevoir dans leur sein (1), le fruit des patientes recherches que j'ai faites sur une localité qui ne manque pas d'intérêt : *l'ancienne ville et comté de Fauquembergues.*

Peut-être y a-t-il de la témérité à traiter un sujet que plusieurs écrivains distingués ont touché avec un talent devant lequel je m'incline (2) ; mais encouragé par leur bienveillance, je viens unir mes efforts aux leurs, pour que désormais, selon le savant et le laborieux Piers : « nos provinces ne perdent plus leurs souvenirs, et que nos monuments puissent conserver encore quelques prestiges. »

Heureux si par cette Notice, que je donne au public,

(1) 1· La Société des Antiquaires de la Morinie, installée solennellement à St-Omer, le 5 avril 1852, et reconnue par ordonnance royale le 21 avril 1855 ; 2· la Société Royale des sciences, des lettres et des arts d'Arras, instituée en 1817, continuant l'ancienne académie de 1757, reconnue par lettres-patentes du mois de juillet 1775.

(2) M. H. Piers, membres de plusieurs sociétés savantes, correspondant du ministère de l'instruction publique.

M. Harbaville, conseiller de préfecture, et président de la Société royale d'Arras.

Histoire monétaire de la province d'Artois, M. Alexandre Hermant, membre de la Société numismatique de Londres, etc.

sans prétention aucune, j'ai pu ouvrir le chemin à d'autres, en jetant sur ce pays quelques lumières, et plus heureux encore si le lecteur bienveillant veut m'accorder son indulgence, à laquelle j'attache le plus grand prix.

NOTICE HISTORIQUE

SUR L'ANCIENNE VILLE ET COMTÉ

DE

FAUQUEMBERGUES,

Par l'abbé ROBERT, curé de Merck-St-Liévin,

MEMBRE CORRESPONDANT DE LA SOCIÉTÉ DES ANTIQUAIRES DE LA
MORINIE, DE LA SOCIÉTÉ ROYALE D'ARRAS, ETC.

« Si l'on veut bien connaître enfin notre
» ancienne patrie, il faut composer le tableau
» général avec le tableau particulier de chaque
» province. »   (*Châteaubriand.*)

Fauquembergues, à vingt-deux kilomètres, sud-ouest
de St-Omer (1), est situé au milieu d'un mélange heureux de coteaux et de plaines, que l'Aa (2) embrassse
de ses replis sinueux.

(1) Fauquembergues, petite ville sans rempart ni garnison, bâtie
comme l'indique son nom, sur un monticule. (*Souvenirs historiques*, de
Bertrand, Dunk. 21 mars 1839.)

(2) L'Aa, *Agnio* du temps de César, prend sa source à Bourthes,
canton d'Hucquilliers, arrondissement de Montreuil, et devient navi-
gable à St-Omer ; son embouchure est à Gravelines, la direction de
son cours est du sud-sud-est au nord-nord-ouest. Cette rivière par-
court 31,015 mètres suivant son cours, et 28,000 en ligne directe prise
à vol d'oiseau. Elle reçoit le nom d'Aa au-dessus de Renty, où elle se
rend ainsi qu'à Fauquembergues, St-Martin-d'Ardinghem et Merck-
St-Liévin, etc.; à Watten, elle se divise en deux branches, l'une prend
le nom de Colme, l'autre, se dirigeant vers la gauche, conserve celui
de l'Aa, passe à St-Nicolas et Gravelines pour se jeter dans le détroit.
La jonction de cette rivière avec la mer s'est faite en 1740 ; elle sert
de limite aux départements du Nord et du Pas-de-Calais.

Ses bords couverts de jardins et de prairies sont riants et champêtres.

Du haut d'un monticule escarpé à l'occident où s'élevait autrefois son antique château, « perché sur sa hauteur comme un nid d'aigle » (1), on découvre ses maisons bâties pour la plupart en amphithéâtre, son joli clocher dentelé, celui de Renty, de Saint-Martin, la tour colossale d'Hervart, enfin une vaste étendue de terre et de prairies, qu'animent des laboureurs et de nombreux troupeaux.

L'origine de cette ville se perd dans la nuit des temps (2) ; contemporaine de l'infortunée Térouanne, Fauquembergues, lors de la domination Romaine, était habitée par ceux des Gaulois appelés Morins qui demeuraient à l'extrémité de la terre : *ultimi Gallicarum gentium Morini*. Pomp. Mela.

A cette époque, ces peuples n'avaient de villes fortifiées, que leur capitale. Ils habitaient des cabanes éparses çà et là dans les campagnes *(pagi)*. En temps de guerre, ils se retranchaient dans des *oppida*, qu'ils construisaient avec des pierres et des pièces de bois, sur l'escarpement des collines boisées; ou bien se cachaient dans l'épaisseur des forêts et dans des marais impraticables.

Ils avaient cela de commun avec toute la Gaule, lorsque J. César, 57 ans avant l'ère vulgaire, vint dompter ces peuples qui joignaient à la sauvagerie du temps une férocité de mœurs qui les rendait encore plus barbares que le reste de la Morinie.

(1) Harbaville.

(2) Malbrancq, Marchantius, Hennebert, Don Devienne, l'Annuaire du Pas-de-Calais, et M. Harbaville.

Cette partie de la deuxième Gaule-Belgique était ainsi dénommée du mot celtique *mor* mer, parce que la plupart de ses habitants demeuraient le long des côtes. Selon Jean Derheims (1), elle avait pour borne au sud la Canche, une partie du cours de la Lys, les terres des Attrébates et des Amiénois; à l'est les Ménapiens, à l'ouest et au nord, l'océan.

Les Morins étaient braves militaires, d'une haute stature, vifs, emportés et querelleurs; nés libres ils ne purent supporter le joug des Romains. Ce ne fut qu'après neuf ans et trente batailles gagnées par un général, aussi habile que César, qu'ils cédèrent enfin à ces vainqueurs du monde. *Morini à Cæsare devicti fùere, post durissima bella, et longé difficillima.*

Leur religion était à peu près la même que celles de leurs nouveaux maîtres. L'amour de la liberté et l'indépendance étaient leurs idoles ; ils adoraient un être suprême qu'ils appelaient *Teutatès*, et leurs druides barbares immolaient des victimes humaines.

A ce sanglant polythéisme succéda bientôt la religion du Christ, en qui toutes les prophéties venaient de s'accomplir.

« Le sauveur, devait naître sous un prince, maître de tout l'univers, où il aurait établi la paix, comme il arriva sous l'empereur Auguste, pour toute la Morinie. »

Les chaussées romaines, dites Brunehaut, que Jules César et ses successeurs avaient fait pratiquer dans ces pays, en avaient facilité l'accès aux premiers apôtres de la Gaule.

Saint Victoric et saint Fuscien étaient venus se fixer

_____

(1) Histoire de Saint-Omer.

à Helfaut, vers l'an 260 ; après avoir évangélisé cette contrée, ils gagnèrent Fauquembergues, suivant la chaussée, de là à Douriez pour se rendre à Amiens, où ils reçurent la palme du martyre en 302.

Saint Diogène, évêque d'Arras, avait aussi, en 408, versé son sang pour la religion du vrai Dieu.

A cette époque, une irruption de Barbares, comme une lave dévorante, fondit sur ce malheureux pays. Ayant été mise à feu et à sang, la Morinie fut tellement dépeuplée, que l'empereur Maximien y permit l'établissement de plusieurs colonies frankes.

Sur ces entrefaites, Pharamond vint porter le dernier coup à la puissance romaine, déjà ébranlée par les pirates du nord.

A la tête des Franks, il passe subitement le Rhin, et par des efforts inouïs, chasse les Romains de cette partie de la Gaule qu'ils avaient gouvernée l'espace de 505 ans, sous 70 empereurs.

Toute la Morinie jusqu'à l'océan devint alors la proie de ces guerriers ; mais la victoire leur coûta bien cher ; Pharamond, leur roi, ayant été tué au milieu du combat, en 420.

C'est le cas de donner ici l'étymologie de Fauquembergues, afin de décider un point d'histoire de la plus haute importance pour cet endroit, et qui en même temps, lui ferait le plus grand honneur.

Hennebert, dans son histoire d'Artois, nous dit qu'on ignore le nombre des exploits de Pharamond, le nom de son épouse, le temps de sa mort et le lieu de sa sépulture.

Mabillon au contraire, d'après Maillard, dans sa chronologie d'Artois, rapporte que selon divers auteurs : « Ce

» roi des Francs aurait été enterré à Folembrai, près de
» Chauni en Picardie ; les autres, au Monticule près
» de Rheins, plusieurs enfin à *Frankemberg* dans la
» deuxième Gaule-Belgique. »

Or, les Franks qui envahirent ces contrées, où ils
s'établirent, comme dans le reste de la Belgique, n'au-
raient-ils point donné leur nom à *Faukemberg*, montagne des Franks, tout aussi bien qu'une des colonies
frankes y envoyée par l'empereur Maximien, comme
nous venons de le dire? Toutefois, je ne puis me dissi-
muler qu'il existe dans les pays soumis à l'Autriche,
une localité ainsi dénommée, et que sous Joseph II flo-
rissait le cardinal *de Frankemberg*.

Sans prendre sous mon patronage cette étymologie,
que je donne ici avec la plus grande réserve du monde,
elle me paraît aussi rationnelle que bien d'autres trouvées par des auteurs très respectables. Du reste, aucune
localité de la Morinie, ou de la deuxième Gaule-Belgique, ne ressemble mieux de nom à *Faukemberg* que
le lieu désigné par notre savant bénédictin, *Frankemberg*,
où, selon lui, aurait été tué et inhumé Pharamond Ier,
roi héréditaire de France.

Sans doute que l'orthographe de ce nom a subi bien
des changements, depuis les rois Franks jusqu'à nos
jours, le langage écrit ayant été, pour ainsi dire, entièrement renouvelé.

Malbrancq, en effet, écrivait de son temps *Falcon-
berga*, *Falkembereg*, puis *Falkemberg*, montagne des
faucons. Piers confirme cette étymologie par l'explica-
tion qu'il en donne dans son excellente Notice de Térouanne et de Fauquembergues « où, d'après lui, on
élevait des faucons pour la chasse réservée alors aux
chefs militaires » ; enfin Harbaville dans son *Mémorial*

artésien, fait dériver Fauquembergues du latin *Fauces montium*, défilé entre les *montagnes*. Cette ancienne ville étant située entre deux hautes collines (1).

En ce temps, ces diverses dénominations étaient ainsi données à la plupart des localités de la Morinie, parce qu'elles exprimaient dans le celtique les situations relatives et les qualités du sol, ou encore, selon Jean Derheims, parce que quelques grands événements s'y rattachaient.

A l'imitation de César et d'Agrippa, les empereurs Néron, Marc Aurèle et Valentinien avaient fait exécuter plusieurs voies militaires dans la Morinie. Bâtie sur l'une de ces chaussées de Boulogne à Térouanne, n° 5, du *septemrium*, la ville de Fauquembergues était encore traversée par une de ces routes, partant de Sithiu à la Canche maritime.

Cette situation favorable comme point militaire, devait lui attirer bien des malheurs. Enlevée par les Romains, saccagée par les Barbares dans les siècles suivants, Attila, roi des Huns, vint encore ruiner cette place vers l'an 448. Alors, ses habitants livrés à la discrétion des soldats, furent ou amenés captifs ou passés au fil de l'épée, sans distinction d'âge et de sexe, *interfectis accolis terræ, atque captivitatis* (2). Selon saint Jérôme, Térouanne, Arras, Amiens et les autres villes de la seconde Belgique, auraient toutes éprouvé le même sort.

Cependant, cette malheureuse cité ne tarda point à renaître de ses cendres, et bientôt elle acquit une plus grande célébrité en recevant dans ses murs un prince fugitif, Amoric, vaincu par ses voisins, attiré

---

(1) Almanach historique et géographique d'Artois, 1789.
(2) D. Bouquet.

dans cette ville par la bonté de ses eaux et l'air salutaire qu'on y respirait, *ob amenitatem loci* (1).

Suivi des principaux seigneurs et des soldats qui lui étaient entièrement dévoués, il chercha à réparer la perte de sa royauté d'Elbe, en se fixant dans cet endroit. Il s'attache de suite à y reconstruire de nouvelles habitations, à en fortifier le château, et à attirer par la douceur de son gouvernement tous ceux qui voulaient se ranger sous ses lois.

Cette place ne tarda pas à devenir florissante sous un prince aussi habile, dont l'histoire, dans ces temps nébuleux, ne nous dit plus rien jusqu'à sa mort; elle se tait également sur Fumers, fils de Didier, sixième comte de Saint-Pol, qui lui succéda en 600.

Marié à la demoiselle d'un seigneur de Sorrus, près de Montreuil, Fumers reçut pour dot Renty et Fauquembergues. De cette union naquirent quatre enfants : Wambert, comte de Fauquembergues, Robert comte de Renty, Albert décédé inconnu, et Fumerse, épouse d'Erlebert, seigneur de Querme, en 639, dont un fils, saint Lambert, évêque de Lyon, vers l'an 670.

Wambert, comte de Fauquembergues, succéda à son père en 630. Il possédait tout le territoire qui traverse l'Aa dans ce canton.

Wandonne, hameau d'Audincthun, lui appartenait également, *Wamberti dominium.*

Ce noble comte donna son nom à Wambercourt, sur

---

(1) Hennebert ; Piers.

la Planquette, *Wamberti cortis*, domaine qu'il possédait ainsi que Renty en 649 (1).

Saint Omer, évêque de Térouanne, eut en présent sa belle terre de Journy, vers l'an 651, lorsque, dans une de ses courses évangéliques, à son retour de Boulogne, il avait été reçu avec distinction par le noble comte de Fauquembergues (2).

Sur ces entrefaites, Duda, son épouse, lui donna un fils nommé Wuilmer, renonçant aux honneurs et aux biens de ce monde pour d'autres plus solides, ce jeune seigneur prit l'habit religieux, et par suite devint l'abbé d'un monastère qu'il fit bâtir à trois lieues de Boulogne.

Des habitations se groupèrent bientôt autour de cet asile pieux, et formèrent l'endroit que nous appelons *Samer*, par corruption de Saumer, ainsi défiguré par la réunion des deux premières lettres de SAint aux trois dernières de WulMER (3).

Sa mort arriva en 697.

Saint Liévin, archevêque de Gand, dès l'an 631, était aussi venu annoncer l'évangile, dans ces contrées encore enveloppées dans les ténèbres de l'idolâtrie.

Selon Harbaville, « il se fixa au nord de Fauquembergues, dans une solitude près de l'Aa, qui retint son nom, Merck-*Saint-Liévin*. Il y séjourna environ quatre ans, entouré de la vénération des habitants de la contrée. Après sa mort, son oratoire devint un lieu de pélerinage longtemps célèbre, et qui de nos jours est encore fréquenté. » (4)

---

(1) Harbaville (Wambercourt, canton d'Hesdin).
(2) Piers.
(3) Hennebert.
(4) Ma Notice sur cette commune.

A la sollicitation de saint Omer, Wambert fit bàtir à Fauquembergues une belle église sous le vocable de Saint-Martin, vers l'an 660.

Ce généreux comte, décédé dans cette ville à la fin de ce siècle, fut inhumé ainsi que son épouse, par saint Bertulphe, dans l'église de St-Denis de Renty, qu'il y avait fait également construire en 664.

Fauquembergues, dont la seigneurie était alors indépendante de tout pouvoir ecclésiastique, avait été érigé en comté dès l'an 627, par Lidéric Lebuc, gendre de Clotaire II, et grand forestier de Flandre.

Son fils Saladran, après le comte Wulbert, l'obtint par succession, ainsi que Renty, lors de son mariage avec l'héritière de Sithiu et de Fauquembergues (1).

Cette ville jouissait à peine des douceurs de la paix sous le gouvernement tout paternel de son nouveau comte, que les Normands vinrent de rechef y jeter le deuil et la désolation. Ces barbares, dont on ne saurait prononcer le nom sans éprouver un sentiment d'horreur, attirés par l'appât du butin, et comme des oiseaux de proie, fondent sur ces contrées vers l'an 881 et 882.

Alors les églises de Renty et de Fauquembergues furent livrées aux flammes, les habitations réduites en cendres, les places publiques encombrées de morts, en sorte que prêtres, laïques, femmes, enfants à la mamelle, gisaient çà et là, couvrant la terre de leurs cadavres.

Laicorum, mulierum, juvenum et lactantium. (D. Bouquet.)

Toutefois, le château de Fauquembergues, comme un rocher inébranlable, sut résister à leurs efforts impuissants.

(1) Piers ; Alex. Hermant.

Pour obvier désormais à de pareilles calamités, après le départ de ces pirates du nord, les habitants de cette cité pratiquèrent les vastes souterrains qui la sillonnaient autrefois, afin de s'y réfugier en cas de nouvelles excursions de la part des Normands.

Dans leur sage prévoyance ils n'avaient que trop bien deviné.

Ces peuples du Danemarck, de la Suède et de la Norvège, quittèrent encore leurs plages lointaines ; la terreur les précèdent, la destruction les suit!

Fauquembergues, pour la troisième fois, devient la proie de ces farouches incendiaires : ils pillent, brûlent et massacrent tout ce qu'ils rencontrent sur leur passage.

Rien n'échappe enfin à la colère de cette horde dévastatrice dont les diverses irruptions furent d'ailleurs si funestes à la morinie en général.

C'en était trop, la justice divine devait en tirer bientôt une vengeance éclatante.

En effet, Arnoult, comte de Flandre, et Rodolphe, roi de Bourgogne, tombent sur ces barbares retranchés sur les bords de l'Aa près de Fauquembergues, en **918 (1)**.

« Leur position fut attaquée avec vigueur, la défense fut également opiniâtre; les Bourguignons décidèrent, en forçant le camp ennemi, le sort de cette bataille, commencée avec un acharnement incroyable, à deux heures après-midi, est terminée seulement dans la nuit. Une partie des sauvages du nord resta sur la pous-

---

(1) *Rodulphus autem rex, in monte qui dicitur Falcoberg invecutus Normanos, prœlium commisit...* (Cartularium Sithiense.)

sière, et on reprit les dépouilles qu'ils avaient arrachées à tant de victimes (1). »

Le succès de cette brillante affaire était des plus importants : si les Normands avaient été vainqueurs, c'en était fait des villes d'Hesdin, de St-Omer, de Guînes et de Boulogne.

Cette rude leçon aurait dû forcer ces hordes de barbares à renoncer pour toujours à de nouvelles descentes sur nos côtes ; mais non, à peine quelques années étaient-elles écoulées qu'ils reparurent de nouveau, vers l'an 929.

Pressés par le roi Raoul, ils furent poursuivis l'épée dans les reins jusqu'au bois de Fauquembergues, où cet intrépide guerrier faillit être enveloppé par eux, si Herbert, comte de Vermandois n'était arrivé à temps pour le secourir (2).

Enfin Arnoult, comte de Flandre, parvint à les chasser définitivement vers l'année 954.

C'est à l'occasion de ce service important rendu au pays, que le souverain pontife, Léon VIII, accorda au noble comte, une dixme sur toute la province.

Après cette série de désastres, les Fauquembergeois travaillèrent à relever leurs murs presque totalement détruits, ainsi que leur église qu'ils construisirent de nouveau sous le vocable de la Sainte-Vierge.

L'antique château sur lequel toutes les fureurs de Mars avaient été épuisées, sortit aussi de ses ruines plus fort qu'auparavant.

Bâti sur un monticule en forme de promontoire, il

(1) Piers.
(2) Chronologie hist. de Maillart.

était composé « de quatre bastions et d'une grande esplanade, défendu par deux demi-lunes, deux cavaliers, de larges fossés, et par plusieurs autres ouvrages défensifs (1). »

D'après un mémorial du XVᵉ siècle, il pouvait contenir 1,500 à 2,000 hommes.

Flanqué de hautes murailles, ses tourelles élevées auraient été plus tard remarquées par les vainqueurs d'Azincourt, quoique à une distance de vingt kilomètres (2).

Ses vastes et profonds souterrains ayant des entrées secrètes dans la plupart des demeures, et une issue dans la campagne, procuraient aux habitants un abri sûr dans le cas où l'ennemi devait les forcer à s'y retirer.

Le haut et puissant seigneur qui habitait cette forteresse en 1042 se nommait Lambert, à qui succéda Guillaume Iᵉʳ en 1072, Baudoin en 1092 et Guillaume II, tous trois châtelains de St-Omer, et comtes de Fauquembergues.

A cette époque, Wandôme ne faisait qu'une même communauté avec cette ville, et vers l'an 1100, son seigneur ne relevait que de cette illustre maison (3).

Banneret d'Artois, le comte de Fauquembergues, avait une cour brillante. Elle se composait de onze pairs et de quatre-vingts feudataires, tous relevant de son château.

Une *fasce* d'or sur un *champ de gueules* décorait son écu (4).

(1) Hennebert.

(2) Piers.

(3 et 4) Harbaville.

En ce temps des divisions intestines déchiraient la France, et ceux qui devaient la protéger faisaient servir leurs bras à l'affaiblir, alors que les guerres de la féodalité sévissaient de toute leur force.

Dans cette occurrence, le roi Philippe fit appel à ses vassaux, en l'année 1124, et par la bataille sanglante de Bouvines, où il s'immortalisa, ce monarque sut imposer à ses ennemis.

Tandis que de sa vaillante épée, Philippe venait ainsi de consolider son trône, Jean, roi d'Angleterre, se vit dépouiller du sien, ce qui lui valut le surnom de *Jean-sans-terre*. Sa couronne fut offerte à Louis de France, époux de Blanche de Castille, mère du roi Jean et fille d'Aliénor de la Grande-Bretagne.

Cette maison avait déterminé les barons et les pairs de ce royaume à le proclamer roi. Le prince accepte et se rend de suite à Calais où le reçurent les députés d'Angleterre.

Après s'être assuré des otages que lui avaient donnés les premiers nobles de la Grande-Bretagne, dans la personne de leurs fils, il part de ce port avec un grand nombre de seigneurs français, parmi lesquels on distinguait Guillaume II, comte de Fauquembergues.

Sur ces entrefaites Guillaume, comte de Flandre, successeur de Charles-le-Bon, confirmait les lois et les coutumes des habitants de St-Omer, par une charte souscrite du roi Louis, de Raoul de Péronne, de Hugues de Candavenne, de Guillaume comte de Fauquembergues, etc.

Un sceau des comtes de cette famille se voit encore aujourd'hui dans le grand cartulaire de Saint-Bertin à l'année 1446.

A Guillaume II succéda dans la châtellenie de Saint-Omer et comté de Fauquembergues son fils aîné, Hoston, *Ostone* de Falkemberga. La charte de commune de St-Omer fut aussi signée par lui en 1127.

D'après Alex. Hermant, dans son excellente Histoire monétaire d'Artois, Hoston de Fauquembergues, devenu grand maitre dans l'ordre du Temple, aurait abandonné, dès l'an 1128, tous ses droits seigneuriaux sur ces deux localités, pour les transmettre à ses frères.

Alors St-Omer et le comté de Fauquembergues furent séparés momentanément.

L'aîné des frères de Hoston, Guillaume III, eut la châtellenie de St-Omer, et le plus jeune, Hugues, obtint la seigneurie de Fauquembergues.

Ce valeureux guerrier rappelle à notre admiration ce que la noblesse française eut jamais de plus illustre, et l'esprit chevaleresque de plus héroïque.

En effet, Hugues de Tabaric (1), Sir de Fauquembergues, *hugo de præsidio Falkemberg* (2), fut des premiers croisés, en 1096. A juste titre on le regarde comme l'émule de Godefroi de Bouillon, des Baudoin et des Raymond.

A la voix pathétique de Pierre-l'Hermite, une armée de 300,000 hommes est sur pied. Hugues de Fauquembergues marche à leur tête ; il vole à la délivrance du saint sepulcre, de cette terre où s'allumèrent les

---

(1) Hugues de Fauquembergues, prince de Thibériade, surnommé de Tabaric, fut le héros du poéme l'Ordène de chevalerie publié vers l'an 1750, par Balbazan, et en 1808 par Méon.

Ce fut ce preux chevalier qui apprit au grand Saladin à combattre à la française, leçons qui plus tard devaient nous être bien funestes. (A.-F. Dufaitelle.)

(2) Albert d'Aix, auteur contemporain des croisades,

premières flammes d'un incendie qui devait bientôt dévorer l'Europe et l'Asie.

De retour dans son comté de Fauquembergues, plusieurs diplômes à la date de 1140 et de 1142 rappellent le nom glorieux de cet illustre seigneur.

A l'année 1146 vivait un autre personnage du même nom. Son *scel* dans le grand cartulaire de Saint-Bertin le représente à cheval, tenant un faucon sur le poing, emblême qui désignait alors les seigneurs trop jeunes pour aller au combat.

C'est ainsi que, dans les archives de l'ancien chapitre de St-Omer, on représente son cousin en bas âge, Guillaume de St-Omer, qui devint à son tour châtelain de cette ville et comte de Fauquembergues.

Il est fait mention dans des diplômes de 1146, 1152 et 1175 du fils de Hugues de Fauquembergues.

Comme son frère Amalric de Fauquembergues, il mourut dans un âge peu avancé.

D'autres seigneurs du nom de Fauquembergues, parents des comtes dudit lieu, vivaient dans le XIIe siècle.

En 1175, dans le grand cartulaire précité, ou remarque dans un diplôme, que Guillaume IV, héritier de Hugues II, devint châtelain de St-Omer et comte de Fauquembergues. *Ego Guillelmus castellanus Sancti-Audomari et castri Falkembergis* (1).

Quoique le quatrième de ce nom pour la châtellenie de St-Omer dans l'ordre chronologique, comme comte de Fauquembergues, il n'est que le troisième. C'est à

(1) Alex. Hermant.

lui qu'est due la nouvelle réunion du comté de cette ville à la châtellenie de St-Omer.

L'heure de la troisième croisade venait de sonner, lorsqu'un grand nombre de seigneurs français venaient s'enrôler de nouveau pour la guerre sainte.

Roger, évêque de Cambrai, suivi des troupes de Flandre, s'était embarqué au printemps ; 37 navires portaient ces braves, qui, à quelques mois de là emportèrent d'assaut la ville de Ptolémaïs, 12 juillet 1191.

Un fléau plus terrible que la guerre moissonna au sein de la victoire de braves chevaliers que le fer ennemi avait respectés. Ainsi, la peste fit périr Guillaume IV, comte de Fauquembergues, Robert V de Béthune, et plus de cinquante autres personnes de distinction.

Comme son noble père, Guillaume V, n'avait pas une guerre étrangère à soutenir, c'était ses propres foyers qu'il devait défendre (1).

Une formidable armée, commandée par Renaud, comte de Boulogne, vint l'assiéger en 1198, pour venger la longue résistance faite au comte de Flandre, Baudoin IX, par le châtelain de St-Omer. Guillaume de Fauquembergues le charge vigoureusement : repoussé avec perte, Renaud, ne laisse pas de faire payer bien cher sa retraite ; la plupart des habitations sont brûlées et son antique château presque totalement détruit.

(1) Duchesne, dans l'histoire de la maison de Béthune, dit : « Les seigneurs de Fauquembergues, châtelains de Saint-Omer. — Baudoin d'Avesnes, dans sa généalogie, parle des Guillaume frères, qui se succédèrent à tour de rôle à la châtellenie de St-Omer et comté de Fauquembergues. Presque tous les diplômes des châtelains de St-Omer, des deux familles de ce nom, donnent les titres de seigneurs ou de comtes de Fauquembergues. » Alex. Hermant.

Boloniensium Comite Reinaldo Falkembergam et omnem adjacentem ejusdem castellani Willelmi terram interim devastante (2).

C'est à la suite de ce désastre que les habitants de Fauquembergues furent déchargés de la taxe à perpétuité.

Restaurée encore une fois, ainsi que l'église crénelée, son antique forteresse pouvait attendre de nouvelles attaques.

L'ordre de la chevalerie remonte à cette époque, noble institution due à des cœurs généreux, pour protéger le faible et repousser l'ennemi.

Alors la religion, par sa précieuse influence, vint aussi mettre fin à ces guerres désastreuses, en proclamant *la trève de Dieu*, afin de procurer quelques soulagements à l'humanité.

C'est dans ces jours de paix que Guillaume V, comte de Fauquembergues, songeant au bonheur de ses vassaux, et de concert avec sa femme Isménie, leur octroya une charte en 1222, pour assurer leurs droits respectifs.

Ecrite sur parchemin, et anéantie à la Révolution de 93, elle avait été conservée dans les archives des receveurs de cette illustre famille, jusqu'à cette époque.

Voici, toutefois, le résumé qu'en fit l'historien Hennebert, d'après les chartes de la chambre des comptes de Lille, et les papiers que lui avait fournis M. Hermant, ancien bailli et receveur du comté de Fauquemberques.

« Le premier article concernait l'établissement de

(1) Lambert d'Ardres ; Hist. des Gaules.

douze échevins, pour être anuellement ronouvelés le 25 juin. Les suivants décernaient des peines afflictives ou pécuniaires, selon l'exigeance des cas que l'on y spécifie, contre les auteurs des troubles, mauvais traitements, injures, embuches nocturnes, fausses clameurs en matière de dettes, larcins, rapines, incendies, viols et meurtres. Ceux qui en étant requis en certaines occasions, refusaient aide et secours, y étaient condamnés à des punitions. Ils défendaient de tirer un bourgeois hors la guerre, par quelque cause que ce soit. D'autres articles prescrivaient le paiement des tailles au profit de la ville, l'assistance due à ceux qui sont attirés en cause pardevant une cour laïque, l'obéissance aux coutumes et ordonnances de la ville (1).

» On y établissait des règles pour la validité des témoignages, pour les cas où un débiteur peut être forcé à payer, être banni ou appréhendé, pour le temps que le seigneur dudit lieu peut emmener un bourgeois hors de la ville. On y fixait les droits de la vente des héritages, dans la sortie de bourgeoisie, la préparation des grains, leur mouture, et dans la cuison du pain. Il y avait des articles qui condamnaient à l'amende, les vendeurs de viandes malsaines ou soufflées après l'admonition des *éwardeurs*; pareillement ceux qui livreront à faux poids et fausses mesures ou de fausses marchandises, et ceux qui frapperont les sergents chargés de percevoir les deniers des seigneurs. Par d'autres articles, il était permis aux étrangers et aux voisins de la ville, d'y rester sans préjudice aux marchés, aux droits et ordonnances d'aller et de retourner, sans pouvoir

---

(1) Ces coutumes étaient au nombre de quatre, déclarées plus tard au bailliage d'Amiens, c'est à dire en 1507 ou en 1509.—C'étaient celles des comtes de Fauquembergues, du bailliage et du chapitre, tant pour le civil que pour le spirituel.　　　　A. DUFAITELLE.

être arrêtés par les bourgeois, pour cause de dettes ou caution de leurs biens. On y faisait aussi mention de *certains édifices construits en temps de guerre*, de l'enlèvement des travers hors des bornes, de la réparation des chemins, des droits de chaussée, et des exemptions de caution en certain cas. Ces divers articles étaient terminés par l'établissement d'un plan de conduite dans l'administration de la justice, tant par les magistrats que par les officiers, dans la garde des eaux et forêts par les sergents, dans les successions, après le décès des père et mère, et autres cas le seigneur y constituait des amendes et des peines plus grièves contre ceux qui maltraiteraient son bailli et les échevins, contre tout bourgeois qui injurierait et frapperait un autre bourgeois.—Chaque tonneau de vin à broche y était assujetti à cinq sous de droit.

» Le seigneur s'obligeait sous serment avec ses héritiers à tenir et observer fermement les choses ci-dessus. »

En effet, Mahaut d'Aire, sa fille, et son époux, Jean d'Ipres, chevalier, sire de Relinghe, confirmèrent ces franchises en septembre 1248.

Philippe de France, comte d'Artois, y ajouta l'exemption perpétuelle de taille et reconnut par ses lettres de l'an 1289, que ceux qui l'avaient précédé, comme châtelains de St-Omer et seigneurs de Fauquembergues, avaient donné des lois et des coutumes aux habitants de cette dernière ville.

Charles VI et Charles VII en 1385, Philippe-le-Hardi en 1589, confirmèrent les priviléges que les rois ses prédécesseurs avaient octroyés aux habitants de Fauquembergues et à cause du prompt rétablissement de leur cité brûlée en 1370, et pour récompenser en même temps leur bravoure et leur fidélité (1).

D'après un arrêt du parlement de Paris de 1401, la seigneurie de Fauquembergues relevait de la châtellenie de St-Omer : *Sancti Audomari, undé dicta terra* (Fauquembergues) *movebat* (2).

Malgré les priviléges consignés dans la charte de Guillaume V, la commune de Fauquembergues dépendait en partie de la bourgeoisie de St-Omer, représentée par ses bourgeois municipaux.

Comme cette ville, Fauquembergues, fut compris dans l'Artois, selon la teneur du contrat de mariage du roi Philippe Auguste, avec Isabelle de Hainaut, et du testament du roi Louis VIII.

Conformément aux coutumes de cette province, la municipalité de St-Omer revisait les jugements rendus par les mayeurs et échevins de Fauquembergues, comme il appert par plusieurs jugements des xiiie xive et xve siècles, émanant des magistrats de St-Omer, dans des affaires entre le comte et le magistrat de Fauquembergues (3).

Un tiers des impôts de cette ville appartenait alors au seigneur, et les deux tiers à la communauté des bourgeois de St-Omer.

En ce temps, la collégiale de Notre-Dame de Fauquembergues envoyait un député aux états d'Artois, et plus tard cette cité dépendit uniquement du roi de

---

(1) L'église avait été aussi la proie des flammes, comme en 1350, d'après Giles Limaisi.—*Puits artésien* ; incendie de Térouanne.—A.-F. Dufaitelle.

(2) Duchesse, Histoire de la maison de Châtillon.

(3) Archives de la ville de St-Omer.

France à cause du château de St-Omer, tombé dans le domaine royal (1).

La création de cette collégiale remonte vers le milieu du xiiie siècle. Elle est due à la piété recommandable de Guillaume V, et de sa vertueuse épouse.

C'est en 1242 que l'église de Fauquembergues fut dotée de plusieurs benéfices à prébendes, selon les dernières volontés ci exprimées dans le testament du noble comte.

« Ego Wuillelmus, castellanus Sancti-Audomari, notum facio omnibus præsentibus et futuris, quod ego pro salute animæ meæ et antecessorum meorum, institui in ecclesiâ beatæ Mariæ de Falcobergâ. Beneficia prœbendalia, ad quorum benficiorum institutionem contuli in elecmosinam, quinquaginta et novem libras parisis annuatim percipiendas in perpetuum ad traversum meum de Falcobergâ ; et ad muleta ejuesdem villæ, et ad manuum opus de Falcobergâ, et de Wencli, et ad reditus sartorum meorum, et etiam tes modias bladi, ad molendina mea de Falcobergâ annuatim in perpetuum percipiendas, et etiam quoddam nemus, quod continet trigenta mensuras terræ, quod vocatur quercetum, perpetué ab ecclesiâ possidendum, insuper contuli decano, capitulo prœdictæ ecclesiæ quadraginta mensuras terræ sistæ in valle sub forestâ de Falconbergâ, ab ipsis et eorum successoribus perpetuo possidendas ; tali modo quâ pro qualitate dictarum quadraginta mensurarum, ipsi et eorum successires, tenentur mihi et hœreditibus meis reddere unum sextarium avenæ ad *mensuram* de Falconbergâ annuatim, in festo beati Remegii persolvendum, in quorum testimonium,

(1) Alex. Hermant.

præsentibus litteris sigiltum meum apposui, actum anno millesimo ducentesimo quadragesimo secundo mense decembri. »

Cette pièce importante, approuvée par Adam, évêque de Térouanne, fut longtemps après collationnée par les notaires royaux de St-Omer, Laurent et Balingant, 18 février 1700.

« Je Guillaume, châtelain de St-Omer, fais savoir à tous présents et à venir, que pour le salut de mon âme et celui de mes prédécesseurs, j'ai fondé dans l'église de la bienheureuse vierge Marie, à Fauquembergues, un chapitre de chanoines (1). Je leur ai donné en aumône cinquante-neuf livres parisis, qu'ils toucheront annuellement, et à toujours, sur mon droit de travers à Fauquembergues, sur les amendes de cette ville, et sur les impôts meubles dudit bien et de Vincli. Ils jouiront en outre d'un revenu sur mes droits d'étalage, comme aussi, de trois muids de blé, qu'ils recevront à perpétuité dans mes moulins de Fauquembergues. Je donne également un bois de trente mesures de terre nommé bois *Chênois*, dont la possession est accordée à perpétuité à l'église; enfin le doyen et chapitre de la susdite église, et leurs successeurs auront en propriété et à toujours, quarante mesures de terre situées dans le *val* sous la forêt; en échange de ces quarante mesures, ils seront tenus, aussi bien que ceux qui les suivront, à la redevance d'un setier d'avoine à *la mesure de Fauquembergues*, qu'ils me payeront tous les ans, ainsi qu'à mes héritiers, le jour de St-Remi.

» En foi de quoi j'ai apposé aux présentes lettres

(1) D'après les Délices des Pays-Bas, et Piers le chapitre de Fauquembergues se composait de dix chanoines y compris le doyen.

mon sceau le deuxième jour de décembre mil deux cent quarante-deux. »

Dans le courant de la même année, il octroya en outre la somme de vingt-huit livres parisis pour ajouter deux nouveaux canonicats à ceux déjà par lui établis dans l'église de Fauquembergues.

Ces volontés furent religieusement respectées par tous ses descendants.

Deux ans après, c'est à dire en 1244, époque de la mort de Guillaume V, son frère Guillaume VI, seigneur de Pitgham lui succéda dans la seigneurie de Fauquembergues.

Il ne jouit pas longtemps de cet héritage qui passa en 1248, dans les mains de sa sœur Béatrix, femme de Philippe d'Aire.

A la fois châtelaine de St-Omer et dame de Fauquembergues, Béatrix confirma les priviléges des habitants de cette ville, inscrits dans un diplôme et enregistrés dans les lettres du duc Philippe, vers l'an 1389, et cités par Dubailly de St-Omer, aux années 1445 et 1446.

Sa fille, Mahaut d'Aire, épouse de Jean d'Ipres, sieur de Reningues, vint après elle dans tous ses droits.

Ici commence la tige de la deuxième famille, au nom de St-Omer, et aux armoiries portant la *fasce* d'or sur un champ d'azur, dans la personne de son fils Guillaume VII, châtelain de Saint-Omer et comte de Fauquembergues (1).

(1) Alex. Hermant.

Décédé en 1252, il laissa un jeune enfant sous la tutelle d'Adeline de Guînes, sa mère.

Par la mort de son époux, Adeline devenue châtelaine de St-Omer et dame de Fauquembergues, administra seule cette seigneurie jusqu'à la majorité de son fils.

Son *scel* dont la légende était : *secreti dominæ de Falcoberga*, portait deux écussons, l'un à la fasce de la famille de St-Omer, l'autre aux armoiries de la maison de Guisnes.

Guillaume VIII sorti de sa minorité, prit le gouvernement de tous les biens qu'il avait hérités de son père, et trois ans après il ajoutait à ses titres celui de comte de Fauquembergues : « *Je Willelmus quens et sire de Fauquemberghe.* »

Il eut d'Éléonore de Varrenne, son épouse une fille aussi nommée Éléonore, mariée à Rasse de Gavre.

Après la mort de son père arrivée en 1290, elle prit les titres de châtelaine de St-Omer et de dame de Fauquembergues.

Sa mère, comme douairière, portait également ce titre en l'année 1326, selon un diplôme qui disait : « *Les dames héritières et douagières de Fauquembergues.* »

Les armes de Rasse de Gavré étaient trois lions d'argent, couronnés d'or, sur un fond de gueules.

Eléonore jouissait du privilége de battre monnaie, que les châtelains et comte de Fauquembergues faisaient frapper dans la forteresse de cette ville, comme il appert par le diplôme de Guillaume V, à la date de 1221. *Actum apud Falcobergam, in ballio castri mei.*

Cette monnaie fut les premiers deniers de la Flandre et de l'Artois.

Ceux de la comtesse Éléonore, dont parle Duby, ont 17 à 18 millimètres de diamètre. Ils portent à l'avers en inscription biligne le nom d'*Elienor*, surmonté d'une tour ou château et entouré des mots *Comitissa de*, posés en légende; au revers, une croix pattée, au-dessus, et entre les deux grénetis réservés à la légende Favquenberge, le même château qu'à l'Avers.

Deux de ces deniers, dont un a été trouvé à Térouanne, portent ces caractères. Ils ont l'avers sans légende, un château à trois tours, et trois arches cintrées, renfermés dans un épais grenetis, et au revers une croix fortement pattée, ayant dans chacun de ses angles un besant ou tourtereau posé sur le creu d'un croissant, le tout aussi dans un gros grenetis (1).

Ces deniers se ressemblent parfaitement. Celui trouvé dans la capitale de la Morinie est d'un billon très bas (2), l'autre est d'un argent assez pur (3).

D'après Choppin, parmi les 31 seigneurs qui avaient le droit d'avoir des forges monétaires, on remarquait les forges de Fauquembergues.

Leurs privilèges ont été constatés par des actes authentiques jusqu'au xv⁰ siècle.

« Dans son ordonnance de l'année 1315, qui prescrit aux barons la loi, le poids et la marque de leurs monnaies, Louis-le-Hutin, roi de France, déclare que la monnaie du seigneur de Fauquembergues, doit être à quatre deniers, 12 grains de loi, argent de roi, à la taille de 204 deniers au marc (4), ou comme le disent

---

(1) Alexandre Hermant.
(2) Il fait partie du cabinet de M· Alex. Hermant.
(3) Cabinet de M. Dancoisne.
(4) Alex. Hermant.

des manuscrits, de 17 sous de poids au marc de Paris (1).

Le droit de monnayage des comtes de Fauquembergues exista jusqu'au xvᵉ siècle.

Lorsque Sans de Beaumont vendit son comté en
1370 ou **1372**, ce privilége passa avec la seigneurie
de Fauquembergues à Jeanne de Luxembourg.

Le parlement de Paris rappelle et enregistre ainsi
ce droit dans son arrêt de **1409** : *plura jura notabilia
et prerogativas, videlicet, cudendi, et fabricare monetam
albam et nigram* (2).

Ceci me rappelle le dire du comte de Fauquembergues, touchant une contestation élevée entre lui et
le magistrat de cette ville dans le xvᵉ siècle;

« Item, dit-il, est la dicte conté de Fauquemberghes,
douée et prévilégiée de plusieurs noblesses, et prérogatives *tant de pooir forger*, etc. »

Ce droit important passa de la maison de Luxembourg aux autres seigneurs de Fauquembergues, y
compris la maison de Ligne.

« Aucun acte en effet est venu leur enlever leur
privilége d'avoir *cour-coins*. La désuétude, les malheurs
sans cesse renaissants, les guerres, les incendies qui
ravagèrent cette ville ont seuls fermé pour toujours
l'atelier monétaire de Fauquembergues (3). »

Riche de tels avantages, cet endroit semblait devoir
vivre paisiblement à l'ombre du manoir féodal, mais
les seigneurs du moyen-age, toujours inquiets et tou-

---

(1) Revue numismatique, 1841, d'après trois manuscrits différents.
— Ducange.

(2) Duchesne, Duby, Hennebert, Sauvage de St-Pol.

(3) Alex. Hermant. Voir pour plus de détails sur ces mounaies de
Fauquembergues, l'intéressante histoire monétaire de ce savant auteur.

jours remuants, venaient de temps à autre jeter cette malheureuse cité dans la crainte ou la désolation.

L'Angleterre, en 1335, avait tiré son épée contre la France ; il ne s'agissait rien de moins pour elle que de prendre la ville et châtellenie de St-Omer.

Cette affaire de la plus haute importance pour le monarque d'outre-mer, fut confiée à Robert de Baumont, général des troupes anglaises.

Assiégé dans la ville de St-Omer, et cerné de tous cotés, le comte Eudes de Bourgogne ne pouvait plus attendre davantage Philippe de Valois. Pour se mettre à couvert des reproches de ce monarque, et respecter en même temps ses ordres, il tint un conseil, où Eléonore, comtesse de Fauquembergues (1) siégea avec tous les dignitaires de la ville, le 24 juillet 1339 (2).

Il y fut décidé de courir sur les Anglais, qui cette fois furent complétement battus.

Béatrix de Gavre, fille d'Eléonore, après avoir recueilli toute la succession de sa mère, donna sa main à Robert, seigneur de Fiennes, de Ruminghem, de Tingri, etc., connétable de France, et connu sous le nom patronimique de Moreau de Fiennes.

Ses armoiries d'argent au lion de sable, représentaient un lion debout, maison de Châtillon et de Guîsnes.

L'un et l'autre décédés sans postérité vers l'an 1363, la châtellenie de St-Omer et le comté de Fauquembergues passèrent, non sans de grandes contestations, à

---

(1) Sur le scel d'Eléonore, comtesse de Fauquembergues, on lisait : S. (Abréviation de Sigillum) Aliénor, castelaine de St-Omer, dame de Fauquembergues. Les deux écussons posés dans le champ portaient, celui à gauche de la dame, la *fasce* de la famille de St-Omer, celui à droite une croix.

(2) Jean Derheims, Histoire de la ville de St-Omer.

Jean d'Avesnes, dit Sanse de Belmont ou Beaumont, et parent deBéatrix.

Ce noble guerrier partagea la gloire et les dangers du grand Bertrand du Guesclin, dans plus d'une expédition.

Des diplômes de 1364, 1366 et 1368 nous le désignent sous le titre de *comte de Fauquembergues*.

Il est ainsi représenté sur son scel équestre, avec les armoiries de la famille de St-Omer.

On ignore les raisons qui engagèrent Sanse de Belmont à vendre presque aussitôt la seigneurie de Fauquembergues à *Eustache de Conflans, chevalier advocz de Terewane, sire à présent de le terre et comté de Faukemberghe*, dont les armoiries étaient un lion chargé d'une bande (1).

Ce fut sous ce comte, 6 juin 1368, que le prévôt de Montreuil devint l'arbitre d'une contestation élevée entre lui et le magistrat de St-Omer.

Rentré de nouveau dans la possession de son comté, Sanse de Belmont ne tarda pas à le revendre à Jeanne de Luxembourg, veuve de Gui de Châtillon, comte de Saint-Pol, vers l'an 1370 à 1372.

Cette comtesse de Fauquembergues avait pour armoiries un écusson d'argent au lion de gueules, à la queue nouée et passée en sautoir, armé, couronné d'or, au lambel d'azur de trois pièces.

Jeanne de Luxembourg laissa par testament le comté de Fauquembergues, en 1384, à son neveu Walerand de Raineval de Luxembourg, fils de Renaud, et de Philippe de Luxembourg, sœur de la précédente.

---

(1) Diplôme de 1368, archives de la ville de St-Omer.

Avec ce comté que la douairière de Châtillon avait acheté 5,977 livres d'or, Walerand avait aussi conservé le droit de battre monnaie blanche et de noire, dans sa forteresse de Fauquembergues. *Jus cudendi monetam, albam et atram.*

Toutes les justices allodiales jouissaient alors de cette prérogative, et tout possesseur de fief, selon Guizot, aussi bien que son souverain, avait dans l'origine le droit de monnayage.

Plusieurs seigneurs dans l'Artois avaient leurs monnaies particulières, et la plupart, leur système monétaire différent de la province dont ils relevaient.

Ainsi « les comtés de Béthune et de Fauquembergues n'étaient nullement assujétis au comte d'Artois, parce que leurs seigneurs relevaient directement du roi de France dans tout ce qui avait trait aux questions monétaires. » (1)

Les monnaies de Fauquembergues sous Walerand, étaient à l'effigie d'une femme, qui d'après Turpin, tenait d'une main une fleur de lys, *trifolium*, et de l'autre un faucon.

Le revers portait une croix losangée renfermant dans chacun de ses angles, une fleur de lys, ou selon d'autres, un quatrefeuilles.

Pour admettre cette monnaie, M. Alex. Hermant, dans son Histoire monétaire, suppose que le type de ces deniers présente un jeune homme, et non une femme, parce que les jeunes seigneurs, bien mieux que les dames, étaient représentés portant l'oiseau noble sur le poing. Ainsi Hugues II, seigneur de Fauquember-

---

(1) Alex, Hermant.

gues, au milieu du xiie siècle, est-il figuré sur son *scel*, en tunique longue, à cheval, et ayant le faucon sur le poing.

Toutefois, cet écrivain distingué, semble ne pas croire à l'existence de la monnaie de Fauquembergues ainsi représentée à la dame debout.

Malgré l'érudition profonde de cet excellent auteur, j'ai cru par respect pour les Turpin, Boze, St-Victor, Ducange, Hennebert, Duby, Piers et Lelewel, admettre également leur opinion.

Le Noble prétend que, de ces deniers de Fauquembergues, viendrait le viel adage : *compter fleurettes*, à cause des fleurs dont était couvert le revers de cette monnaie.

On la nommait *florette* ou *fleurette*, sous les rois Charles V et VI, dit Monstrelet.

D'après un traité du 18 décembre 1421, il fut décidé par les mayeurs et échevins de St-Omer, que cette monnaie ne compterait que pour trois deniers, lorsque les gages devaient être payés en *fleurettes*.

Outre le privilége de battre monnaie dans son comté, le seigneur de Fauquembergues jouissait de toutes les coutumes attachées à la possession des grands fiefs domaniaux.

Avec le temps sa puissance s'augmenta encore, par l'usurpation des droits royaux, que s'attribuèrent aussi plusieurs ducs et comtes; telle fut la conduite des seigneurs de Béthune, de Lillers. etc.

A cette époque, la juridiction municipale ne supposait pas toujours le droit de commune; ainsi Rheims a joui longtemps d'une juridiction sans commune. Lyon et Paris ont eu des officiers municipaux avant que la leur fut créée ; enfin Lens, Fauquembergues et Lillers ne reconnaissaient point de commune.

Cependant toutes les prérogatives de la féodalité étaient attachées à la seigneurie de Fauquembergues. Là, dans un château fort, bâti sur une étendue de plus de cinq mesures et dont l'accès était défendu par des ponts levis, le noble comte exerçait haute, basse et moyenne justice, ayant censives en grains, volailles, fiefs et arrière-fiefs.

Il percevait également des dixmes considérables, des droits d'afforages, d'amende, de gambage, de pêche, de chasse, de moulins et de marchés, dont l'établissement, remonte à une époque inconnue.

Ces divers droits étaient ainsi consignés dans le vieux cartulaire de l'ancienne ville et comté de Fauquembergues :

« Tous ceux qui sont *trouvez peschant* es rivières de Fauquembergues escheent en soixante sous parisis d'amende, tous les manants du dit lieu ainsi que ceux de St-Martin-d'Ardinghem, de la cour l'évêque étoient banniers du moulin de la ville. Outre ce moulin au blé, deux autres tournoient pour le drap, et pour les *escorches.*

» Si les banniers alloient ailleurs, farines, chevaux, charrettes et chariots, *sacqs* ainsi *trouvés* ou *prins,* étoient confisqués au profit de son *Altez,* en outre une amende de soixante sous parisis pour *chacune fois.*—Il en étoit de même pour tous les etrangers qui achetoient du blé en *icelle ville* et marchez. »

Ce droit s'exerçait ainsi sur les personnes « *défaillantes* jusqu'aux portes de St-Omer, en la rue Ste-Croix, jusqu'à Térouanne en la rue dite *Faulequembergoise.*

qui étoit de cette comté, jusqu'à *l'abre* et fief en la comté de St-Pol ; jusqu'au pont à Neuville-lez-Montreuil, jusqu'au val, village de St-Erny, jusqu'à *Noort-Dalle de seur* Acquin, et en plusieurs autres, aussi loin que les lieux susdits, et les prendre, et amener en *prisons* dudit Fauckemberque. »

Il y avait un four *à bans*, où tous les susdits manants étaient banniers.

Le comte touchait un droit de *travers* sur tous ceux qui venaient dans le comté, soit à pied, à cheval, avec *charrettes* ou *chariots*.

Les *metz* ou bornes de ce travers étaient : depuis Ecouflans jusqu'au Maisnil-Bouttry ; depuis Fasques jusqu'à Remilly-Vuirquin ; depuis Campagne et ledit Maisnil-Bouttry jusqu'à Wavrans, *esquels metz dudit travers*, il y a plusieurs lieux et villages, *à sçavoir* : Faukembergue chef-lieu, et *estocq* et *chaiere* dudit travers, Ecouflans, Coyecque, Merck-au-Hamelet (Saint-Liévin), Ouve, Rumilly-Wuirquin, Maisnil-Bouttry, Campagne, Renty et Fasques.

Les délinquants étaient à une amende de soixante sols parisis jusqu'aux portes de St-Omer, Térouanne, etc., comme pour les droits du moulin.

« Sy en doit on au comte de Faukemberque, pa-
» reil et semblable droit de travers, que le travers de
» Bapaume, Péronne et autres travers du pays près de
» ladite comté. »

Je croirais manquer au précepte d'un illustre écrivain si je n'entrais plus avant dans les détails qui regardent cette ancienne ville et comté.

Jamais il ne faut rien oublier, selon Guizot ; tout est sujet d'instruction et d'expérience. Fort de ce conseil, je vais ajouter encore quelqu'extrait du terrier de cette seigneurie.

« La garenne de ce comté partoit du pont du moulin, montant tout le circuit du dit Faukembergue au chemin d'Arras, allant à Audincthun droit à la fontaine bénite, près du manoir et château, suivant la dite fontaine jusqu'à la rivière de la Lys, en descendant vers le soleil couchant, le long des villages, *en la dite Lys*, jusqu'au pont de Semblethum, delà jusqu'au Minil-lez-Dohem, le bois d'Avroult, passant parmi les *soittes* du seigneur d'Elne jusqu'au pont d'Ouve, la motte Warnec, Merck-Saint-Liévin, Saint-Martin-d'Ardinghem jusqu'au moulin, point de départ, y compris toute la forêt de Fauquembergue. »

Or personne ne pouvait dans ladite garenne, tendre, *harnas* ou filets pour prendre bêtes ou *oyseaux* sauvages, n'y mener chien sans être *accouplés* ou *espattez*, à peine d'amende de soixante sols parisis et confiscation desdits harnas et chiens, *chacune fois*.

Le vicomte avait droit à un tiers sur l'entrée et l'issue des draps, vins, cervoise. Ce droit était de quatre deniers et de deux pour les charrettes.

Le vicomte avait en outre un tiers du droit d'afforage. Ce droit était pour le comte de huit lots de vin, de *chacune charrette*, et de quatre lots pour les *cervoises* et autres *breuvaiges*.

Il percevait encore pour droit de *tonlieu* quatre deniers pour un cheval, deux pour une jument, un pour les bêtes à laine, et pour *chacun porcq*, un denier obole, comme pour *chacune* chêvre ou bouc.

Après m'être identifié un instant, avec ce siècle, en rapportant ses mœurs et son langage, pour donner à ma notice, une véritable couleur locale, nous voici arrivé au temps où les Anglais, battus sous les murs de St-Omer, cherchèrent le moment favorable pour tirer vengeance de cet défaite sanglante.

Dans une des excursions de ce peuple, le roi Jean refoule les Anglais sur Calais, et pendant qu'il prenait quelque repos à Térouanne, ces troupes ennemies saccagent Fauquembergues, vers l'an 1355. Cinq ans plus tard arriva la fatale journée de Poitiers. Le brave et infortuné Jean, trahi par la victoire, ne remit son épée qu'à un gentilhomme français, et transfuge, Denis sire de Morbeck.

Plus grand que son vainqueur, ce Régulus français dans les fers, nous rappelle cette belle maxime, qui fut la sienne, lorsqu'il retourna dans les prisons du roi d'Angleterre : « que si la vérité et la bonne foi étaient » perdues, on devrait les retrouver dans le cœur et » dans la bouche des rois. »

Cependant la paix fut conclue le 24 octobre de la même année, par le traité de Bretigny, ratifié et signé à Calais par les rois Jean et Edouard.

Le lendemain, le roi de France partit de Calais, y laissant pour otage les ducs d'Orléans et de Berri, ses fils ; le duc de Bourbon et le comte d'Alençon, prince du sang ; les seigneurs d'Estampes, de Blois, de Montmorency et de St-Pol, Walerand de Raineval, comte de Fauquembergues (1), héritier et neveu de la comtesse Jeanne de Luxembourg, veuve de Gui de Châtillon.

A quelque temps de là, Fauquembergues eut la gloire de posséder dans ses murs, ce monarque rendu à la liberté.

---

(1) Allié aux rois de France, ce comte de Fauquembergues occupait les premiers emplois de la cour. Ses armoiries étaient d'or, à la croix de sable chargée de cinq coquilles d'argent.

Cette ville avait payé pour sa rançon vingt livres chaque année, dans l'aide consentie par toute la France.

Une livre alors équivalait à une valeur de 1 fr. 87 c. 3 mill. de notre monnaie actuelle.

Dans la taille de Paris consentie quelque temps auparavant, c'est à dire en 1313, se trouvait, le nom d'un Baudoin de Fauquembergues, demeurant rue Monconseil, imposé à trente sous parisis.

Fauquembergues, vers la fin de ce siècle, aurait aussi donné le jour au médecin célèbre d'un de nos rois de la deuxième ou de la troisième race. Serait-ce Jean Tabary, qui de premier médecin du roi Charles VI, devint en 1385, évêque de Térouanne ?

Cette année Walerand de Rinval de Luxembourg eut un procès touchant son comté de Fauquembergues.

Jean de Beaumont, écuyer de Pitgham, fils de Gérard de Beaumont dit Lancelot, frère de Sanse, voulut revenir sur la vente de cette terre, prétendant que le prix de cette seigneurie, 5,977 livres d'or, avait été trop peu élevé et qu'elle valait en réalité 30,000 florins.

Comme ce procès dura longtemps, il ne fut terminé que sous Jeanne de Raineval sa fille, épouse de Baudoin d'Ailly, surnommé Beaujois, Vidame d'Amiens, mort à la bataille d'Azincourt.

Depuis longtemps un fléau plus funeste que la guerre ravageait nos contrées. La lépre, si peu commune à présent dans le nord de la France, cette terrible maladie que les Grecs et les Arabes appellent éléphantiasis, date du viiie siècle, et alla toujours en augmentant jusqu'au temps des croisades.

Pour arrêter les effets de ce fléau, des âmes pieuses fondirent dans différentes localités des établissements nommés léproseries, destinés à séquestrer les malheureux qui en étaient atteints.

Fauquembergues eut le sien. Jean de Vertaing, à qui ce comté appartenait en 1433, en fait remonter l'origine à Guillaume, fondateur de la collégiale de cette paroisse.

Suivant un arrêt du bailliage de St-Omer, cette léproserie était administrée par un chirurgien à gage, trois religieuses, sous la surveillance du grand bailli, du procureur fiscal, de deux échevins et de quatre principaux habitants.

D'après un dénombrement de *la comté* de *Faucquemberghes*, 15 juin même année, fait à son altesse Philippe-le-Bon, duc de Bourgogne et comte d'Artois, par Jean de Vertain, cet établissement avait huit mesures de terre, au *val* du *Chatel*, entre les terres d'un sieur Bérenguier, et celles des hoirs Pierre-le-Petit.

Jean Massus fit un second dénombrement le 7 août 1518, au prince de Ligne, devenu comte de Fauquembergues, qui relate l'emplacement de cette maison de séquestre. Elle était bâtie sur un endroit tenant d'un bout à la porte *Garlet*, et d'une liste au chemin qui conduit à Audincthun. C'est aujourd'hui la maison presbytériale.

L'ancien logement du doyen, à cette époque, d'après un autre compte-rendu du 16 août 1564, au prince de Ligne, par Nicaise Videlaine, son receveur, était situé devant l'hôpital, tenant d'un côté aux hoirs Louis d'Avroult, et d'autre aux *anciens fossés* de la ville, d'un bout au flégard, et d'autre aux fossés du château. Le doyen d'alors s'appelait sire Jacques Ducrocq.

Si ces établissements pieux arrêtèrent les effets de cette épidémie, il n'en fut pas de même des traités de paix, qui ne purent comprimer le fléau de la guerre.

Celui de Bretigny est à peine rompu que les Anglais vinrent de nouveau ravager le Boulonnais et l'Artois. Une armée formidable commandée par Robert Knolle vint fondre sur Fauquembergues qui fut en partie brûlée et ses habitants passés au fil de l'épée, 1378.

Trois ans après, le jeune roi Richard succédait au trône d'Angleterre, lors de la mort d'Edouard, son prédécesseur.

La France, toujours désireuse de reprendre la ville de Calais, avait envoyé sous les murs de cette cité des troupes dont le commandement avait été confié au seigneur de St-Pol, comte de Fauquembergues.

Fait prisonnier par le duc de Bukengham, oncle du jeune roi, il fut retenu captif dans cette ville.

Saint-Pierre de Luxembourg son frère, vint le trouver dans sa prison, où il demeura pour lui en otage jusqu'au parfait paiement de sa rançon, c'est à dire l'espace de neuf mois.

Néanmoins les deux monarques, Charles VI, roi de France, et Richard, roi d'Angleterre, essayèrent de se rapprocher.

Ce fut à Leulinghem, près de Marquise, que leurs ambassadeurs se rendirent :

L'évêque de Bajeux, Luxembourg de Saint-Pol, comte de Fauquembergues, et deux conseillers du parlement représentèrent la France.

L'évêque de Durham, le comte de Salisbury, Guillaume de Bauchamp, gouverneur de Calais, et trois docteurs, étaient pour l'Angleterre.

Après quelques explications, les plénipotentiaires des deux rois convinrent d'une trève de trois ans, qui fut religieusement observée de part et d'autre.

En 1400, Richard venait d'être précipité du trône ; enfermé dans la Tour de Londres, il ne tarda pas à y terminer sa malheureuse existence.

Henri, qui l'avait dépouillé de sa couronne, ordonna que sa veuve, la reine Isabeau, fille du roi de France Charles VI, fut renvoyée sans sa dot dans sa patrie.

Il est à remarquer ici qu'une espèce de fatalité a présidé aux alliances des rois d'Angleterre avec les princesses de la maison de France. Ces rois ont eu presque toujours une fin tragique : exemple, Richard Ier, Édouard II, Richard II, Henri IV et Charles Ier. Mais ce n'était pas la vaine formalité d'une alliance ostensible, que la politique pouvait quelque fois commander, qui fut la cause des malheurs de ces rois ; mais bien cette grande haine qui a existé si longtemps entre les deux nations rivales.

Le duc d'Orléans, sensible à l'honneur Français, et voulant venger l'affront qu'avait reçu la fille de son roi, réclama les lois de la chevalerie, et offrit de se battre contre le roi d'Angleterre. Ce monarque ayant refusé le combat, Wallerand de Luxembourg, comte de Fauquembergues, le défia à son tour, quoique allié du roi Richard, dont il avait épousé la sœur.

Henri lui fit répondre qu'il ne voulait se mesurer qu'avec un roi. Irrité de cette insulte, le comte de Fauquembergues fit pendre à un gibet, près de la porte de Calais, l'effigie du roi, et partit de ce port avec ce qu'il avait de troupes pour battre les Anglais jusque dans leur foyer. Le succès de cette entreprise hardie ne répondit point à tant de courage : trahi par la fortune, Wallerand fut forcé de regagner la côte, et vint se jeter dans les murs de Térouanne.

Cependant les Anglais ne s'en tinrent point là. Une armée de renfort envoyée par Henri IV, premier de la branche des Lancastre, vint attaquer Wallerand de Luxembourg en 1402.

Un combat acharné s'engagea entre eux sur les terres du comte de Fauquembergues.

L'armée anglaise composée de 10,000 hommes environ, *campa en la plaisne* au long de la rivière en descha Falkemberg, et ne peult tenir en la *dicte* position, et fust poussée au plus loing, jusqu'en le plat pays, en la haulteur de *Sainct-Aumer* (1).

Néanmoins trois ans après, 15 mai 1405, ces mêmes troupes ayant remporté quelques avantages à Marck près de Calais, firent craindre de nouveau pour Fauquembergues. C'est pour quoi les mayeurs et échevins de cette cité *intra muros* délibèrent pour faire rétablir leurs fortifications détruites en partie par Robert Knolle.

Mais les échevins et mayeurs d'*extra muros* s'y opposèrent, alléguant que l'église crénelée et le château en bon état pouvaient suffir pour leur défense. Toutefois l'affaire soumise à l'arbitrage des échevins de St-Omer; il fut décidé, le 9 juin 1406, que tous les habitants de la ville contribueraient aux frais des réparations.

De nouvelles calamités fondirent alors sur cette province : les châteaux tour à tour pris et repris par les Anglais, sont démantelés pour la plupart. On ne vit que désolations, pillages, meurtres, rebellions, vols, ravissements; les villes étaient dépeuplées, les campagnes désertes et les terres en friche (2).

(1) Jean Derheims.
(2) Barente.

Cette fois, nos malheureux habitants eurent encore recours à leurs retraites souterraines appelées *muches*.

C'est dans ces carrières profondes que les femmes, les enfants et les veillards se cachèrent de nouveau, tandis que les troupes anglaises, flamandes ou bourguignonnes saccageaient ou brûlaient tout ce qui se présentait à l'extérieur des terres.

C'est après ces désastres qu'en vertu d'un arrêt du parlement de Paris, en date du 8 janvier 1409, que le comté de Fauquembergues fut restitué à ses héritiers naturels, avec tous les priviléges, droits et revenus dont avait jouit la maison de Luxembourg depuis le moment de la contestation.

Le 16 mai de ladite année, la comtesse de *Fauquemberghe* et son mari Jean II de Beaumont, par acte passé devant notaires *transignent* avec le chapitre de cette ville sur un procès intenté par lui, à l'occasion des trente-six septiers de blé accordés audit chapitre par le comte Guillaume et tous deux s'obligèrent de nouveau à payer cette rente.

Selon quelques auteurs, un Eustache de Fauquembergues, doyen du chapitre de la cathédrale de St-Omer, vivait en 1410.

Cinq ans plus tard, le 25 octobre, notre bannière flottait dans le champ d'Azincourt ; là s'était réunie pour la défendre, toute la noblesse de France.

L'arrière-garde placée en face du village de Ruisseauville (1), était confiée aux comtes de Malte, de Dammartin, de Fauquembergues et au sire de Lau-

_____

(1) Il y avait dans cette commune une abbaye régulière d'hommes de l'ordre de Saint-Augustin, fondée par sire de Créqui et de Canaples, en 1099.

rois d'Ardres, à la tète d'un renfort de Boulonnais.

Cette malheureuse journée plongea la France dans le deuil le plus déplorable. Un grand nombre de seigneurs bannerets, cinq princes du sang, dix mille hommes d'armes y trouvèrent une mort glorieuse, ainsi que Jean II de Beaumont, comte de Fauquembergues, qui dans cette affaire, d'après Monstrelet, avait combattu *très vaillamment.*

Comme à Crécy et à Poitiers, une aveugle confiance et trop de présomption dans notre armée, causèrent cette terrible défaite.

Un manuscrit du xve siècle, trouvé dans les ruines du vieil Hesdin, intitulé : *Anniversaire de la bataille d'Azincourt,* cite les tours de Fauquembergues comme fort élevées.

C'est à la vue de ces pyramides aériennes, y est-t-il dit, qu'Edouard et Pélagie devaient rencontrer deux cavaliers ayant pour mot de ralliement : *réussite et Beaurain* (1).

C'est aussi dans les *muches* du château de Fauquembergues que le malheureux Edouard vint chercher celle dont la main lui avait été promise. Faisant retentir de sa voix plaintive les échos de ces vastes souterrains, là, comme Orphée dans les antres de Pluton, il demandait à grands cris son Euridice !

Madame Valencienne de la Viefville vécut encore longtemps après la mort de son mari, Jean de Beaumont. Il fut remplacé dans le comté de Fauquembergues par sa sœur N. de Beaumont, femme de Louis de

(1) « Le soleil commençait à peine à dorer les tours élevées de l'antique château de Fauquembergues. »

Vertaing, qu'il reconnut pour héritière avec la charge de payer un douaire à son épouse.

Jean de Vertaing succèda bientôt à sa mère dans cette seigneurie. Elle lui en fit l'abandon total vers l'an 1424, l'obligeant à lui payer également un douaire de 200 livres de rente (1).

Cette obligation était ainsi consignée dans un manuscrit des archives de la ville de St-Omer.

En viron à 20 ans le dit M. conte et seigneurie de Fauquembergue, laquelle estoit lors et a esté long temps depuis chargié du douaire de madame Valencienne de le Viefville, en son vivant femme, et depuis vesve de feu mons Jehan de Beaumont qui estoit conte et seigneur de la dicte conté, et oncle dudict M. le conte, laquelle douaire recepvoit dans un an la moitié du revenu de la dicte conté.

Item et s'y paioit le dict M. le conte à madame sa mère qui estoit héritière de la dicte conté, sœur du dict mons Jehan de Beaumont, et qui en avoit mis le dict mons le conte son fils en possession, deux cents livres par an, ou aultre grande somme la vie d'elle durant, qui a vesqui certain temps.

Ce manuscrit ajoutait : *Toute voye lesd. Dames ne faisoient aucune reffection, ne retenue au dict chatel et forteresse* (de Fauquembergues), *et si raloit peu à M. le conte.*

On voit par là que l'épouse de Jean de Beaumont et sa belle-sœur administraient ensemble cette seigneurie avant la majorité de Jean de Vertaing, son fils.

(1) 1,376 fr. 80 c. de notre monnaie, la livre numéraire de 1422 à 1461 valant 6 fr. 88 c. 4 m.

Les armoiries de cette illustre famille étaient de gueules à trois chevrons d'hermines. Le scel de Jean de Vertaing, dans le grand cartulaire de Saint-Bertin, à l'année 1475, porte un écusson au chef mi-partie; on ne peut voir le reste qui est effacé.

Pendant le séjour de ce comte dans le Hainaut, on lui reprochait de ne point habiter son château et donjon de Fauquembergues. Comme il envoyait dans cette forteresse tout ce qu'il fallait de secours ét d'armement pour la défendre et protéger, il fut indigné de ce reproche, comme de la conduite des habitants de cette ville qui, inquiétés par les ennemis, s'étaient fortifiés dans leur église dont ils avaient fait un lieu de refuge.

Plusieurs diplômes font mention de Jean Ier de Vertaing, seigneur de Pitgham et de Rocque, avec le titre de comte de Fauquembergues.

· Comme tel il assista, en 1435, aux conférences tenues à Arras pour la paix, parmi les représentants du duc de Bourgogne, comte de Flandre et d'Artois.

A la suite d'un procès que les Fauquembergeois perdirent contre leur seigneur, ils firent avec lui un accord, le 25 mars 1439. Cela n'empêcha point qu'en l'année 1441, le parlement avait encore une contestation à terminer entre eux.

Le comte demandait au magistrat de cette ville la copie des chartes de privilége octroyées par ses prédécesseurs.

En conséquence les échevins, d'après un arrêt du prévôt de Montreuil, furent condamnés à les lui livrer de suite. Quatre copies de ces priviléges existent encore dans les archives de la ville de St-Omer, aux années 1445 et 1446.

Jean Ier de Vertaing n'attendit point sa dernière heure pour transmettre à son fils le comté de Fauquembergues, dont il conserva l'usufruit, avec le titre de seigneur de Pitgham et de Famillereux.

Nous lisons en effet dans le grand cartulaire de Saint-Bertin : « *à noble et puissant seigneur ; monseigneur Jehan de Vertaing, conte et seigneur, et usufructuaire de la dicte conté de Faulquemberghe et à noble et puissant seigneur, monseigneur Jehan de Vertaing, chevalier, seigneur de Beaurieu, conte et seigneur propriétaire de la dicte conté de Faulquemberghe....*

Fait au chastel de Faulquemberghe, le 12 octobre 1475.

Selon quelques personnes, ce fut ce comte qui dota l'église de Notre-Dame dame de St-Omer de sa plus belle cloche dite *Julienne*, mais la vérité est que le donateur fut Beaujois dit Begun, de Fauquembergues, chanoine de l'église de St-Omer, mort en 1475 (1). Cette cloche dont le poids est de 9,000 kil. fut fondue en 1474 et eut pour parrain Simon de Luxembourg, bâtard de St-Omer (2).

Est-ce à l'occasion de ce baptême qui a dû se faire avec beaucoup de pompe que l'on trouve le passage suivant dans un vieux manuscrit qui fait partie des archives de la ville de St-Omer : *à dix ans le Logis du Bastard de St-Pol, qui avec grant compagnie de gens d'armes passa par la dite ville* » (Fauquemberques).

Un sir de *Faulquemberghe*, parent de ces derniers, combattait, selon plusieurs auteurs, dans les rangs du

---

(1) Dufaitelle.—On ne sait depuis quelle époque la cloche en question se nomme JULIENNE, elle a été longtemps appelée Beaugeoise, du nom de son donateur. On la désigne aussi communément sous l'épithete de BELLE.

(2) Jean Derheims, Hist. civile, politique, militaire, religieuse, etc., de la ville de St-Omer,—Deuxième partie, pag. 564.

capitaine anglais, Talbot, en 1437, ainsi qu'à Pontoise, en l'année 1441. Pour punition de sa félonie, il trouva une mort ignominieuse vers l'an 1449, à la défense du pont de l'Arche.

Jean II de Vertaing, seigneur de Beaurieu, vécut, selon toute apparence, jusqu'à 1503, époque où le comté de Fauquembergues passa dans la famille des hauts et puissants princes de Ligne.

A quelques années de là, 1475, Edouard IV, roi d'Angleterre, fit une descente à Calais, puis à la tête de son armée, vint à Fauquembergues, où il dressa une· tente magnique.

Profitant du voisinage d'Azincourt, il s'y rendit pour visiter ce champ funéraire où dorment encore tant de héros (1).

Quelles pensées ont dû rouler dans son âme, à la vue de ces tertres recouvrant de si nobles cendres. Que n'a-t-il pu entendre alors ces paroles prophétiques pour le punir de sa vanité :

> Si la victoire ici trahit notre vertu,
> Nos fils relèveront l'étendard abattu.
> L'honneur est dans la mort et non dans la victoire,
> Un revers !!... vingt succès proclament notre gloire.

En 1492, lors d'une nouvelle descente, sous Henri VIII, quelques aventuriers anglais vinrent de nouveau donner l'alarme à Fauquembergues.

Repoussés vigoureusement jusqu'à Renty, ils s'emparèrent de son château, qu'ils furent obligés d'abandonner quelques jours après.

---

(1) Azincourt, village a trois lieues nord d'Hesdin, célèbre par la victoire que les Anglais y remportèrent le vendredi 25 octobre 1415.

Dès l'an 1477, ce pays avait été érigé en province, sous la dénomination de province d'Artois; elle était comprise dans les dix sept des Pays-Bas.

Le comté de Fauquembergues appartenait en partie à celle-ci, en partie au Boulonnais.

A cette époque, la ville avait encore sa division d'*intra* et d'*extra muros*; ses armes étaient une porte d'azur à la bande d'or. Trois portes fermaient l'enceinte de cette ville.

L'une dite porte *Guelborde*, tenait d'une liste, *vers midi, au manoir du Pot-d'Etain*, et à l'*est* aux anciens murs de la ville. La deuxième nommée *Garlet* était située au chemin d'Arras, entre la *maladrerie* tenant aux fossés de la ville et aux *hoirs* Louis d'Avroult (1). La troisième enfin dite *Boulonnaise*, avait issue au chemin qui conduit dans cette ancienne province, actuellement la belle route de *Campagne*.

Alors les rues principales de Fauquembergues s'appelaient : les rues de la Maladrerie, de la Poterie, du *Pont-à-la-Place*, de la Corderie, du Four, du Moulin-au-blé (2), du grand et petit Bourland, du Hamel, de Renty, de St-Liévin, de la Cavée, de la Grande-Rue, de l'*Estang*, des Rogations, du Marché-aux-Chevaux, de Licqucs, du Bois-Appoy, de Boutepette, de la *porte* Garlet, des Chaufours, *rue Théranoise*, à Brebis, près des *avesnes* du château, du riez Villain, de Baulepert, de la Fouillerie, du *Cucq de Sacq*, du *Maretz*. de la porte

(1) C'est aujourd'hui la demeure du sieur Lamirand, charron. — Cartulaire du comté de Fauquembergues.

(2) En 1587, ce moulin avait pour locataire Jacques Thélier, qui payait au prince de Ligne, 86 septiers de blé, *mesure de Fauquembergues*, dont 36 étaient déduits pour MM. les Chauvines. Delchaie et Jean Reginet, notaires royaux à Fruges, avaient passé ce bail, 22 décembre même année.

Guilleborde au *Fief-Normand*, enfin les rues du Château, de l'Epinette et du Fillet.

J'ai recueilli aussi les noms de quelques habitations les plus remarquables de cette époque, telles que l'hôtel de la *Double-Croix*, la *haute-maison*, située *vers occident* au *chimetière*, de bout vers midi au *marchez* et *cucq du sacq*, et d'autre aux *anciens fossés* de la ville; l'hôtel de l'Homme-Sauvage, tenu par Pierre Bonnière, rue du Fillet; l'auberge Sainte-Barbe, et de Saint-George, occupée par Pierre Caron, attenante à la *maison de ville*; celle du *Noir-Lion*, Grande-Rue, habitée par Pierre Blery, *maistre chirurgien* de cette ville.

Il y avait un moulin à l'huile *vers orient* à la rue qui conduisait à la maladrerie.

Outre cet établissement pour les lépreux, il existait un hôpital de *St-Nicolas*, près des *anciens fossés* du château *vers orient*, et d'autre aux fortifications de cette place.

Le ruisseau Coppin, la fontaine Videlaine et une fausse rivière, au pré Savary, entretenaient ou vidaient les fossés de la ville, conjointement avec les eaux de l'Aa.

Le *Crocq* de la maison commune était remarquable par sa gothique bretecque.

Avant les jours mauvais on admirait aussi, vers le milieu de la place une superbe croix en grés qui datait de ce temps. Elle passait en beauté pour la première de la province d'Artois, celle d'Arras exceptée.

Une deuxième place portait le nom *Marchez-l'Ange*.

Le Pont-à-Place avait sa petite chapelle et le signe du Sauveur, dite la *croix à chevaax*, *listait* encore *vers soleil*, à la *rue de Saint-Martin-d'Ardinghem*. Là, vers *orient*, se *trouvait* un moulin à *drap*; une deuxième usine consacrée au même usage, portait le nom de *Canterme*.

Au sud, la forêt de Fauquembergues couronnait cette cité, ainsi qu'un autre *petit bois*, nommé *rappoy*, de la contenance de cinquante-deux mesures (1).

Il est à remarquer ici avec Hennebert, que les principales forêts et seules de l'Artois, étaient celles d'Hesdin et de Fauquembergues ; quant aux autres on les appelait tout simplement bois.

Cette forêt aux chênes séculaires, qui devait donner à la ville un air si pittoresque, lui faisait payer cher par fois les agréments de son voisinage. C'était souvent en se cachant dans ses réduits que l'ennemi tombait à l'improviste dans ses murs.

Ainsi Louis XI, après la mort du dernier comte d'Artois, vint, en 1477, tenter de s'emparer de Saint-Omer. Mais après de vains efforts, il brûla, en se retirant à Arques, son château et plusieurs autres villages voisins, ses troupes descendirent par la forêt de Fauquembergues, où son arrière-garde fut battue par la garnison de St-Omer.

Alors ce comté appartenait encore à Jean II de Vertaing. C'est à ce noble seigneur que cette ville dut sa belle confrérie de St-Sébastien.

Depuis l'invention de la poudre et des arquebuses, les compagnies d'arbalétriers étaient devenues inutiles. Toutefois pour conserver chez ses vassaux l'honorable

(1) La forêt de Fauquembergues, coupée par le chemin de *munition*, et celui de Coyecque, d'après l'arpentage d'Adrien Raimond de Saint-Martin-d'Ardinghem, avait 258 mesures au 21 octobre 1805.
Le bois Rappoy n'existe plus.

souvenir des vaillants défenseurs de leur cité, il crut devoir consacrer l'usage de ces armes, en érigeant cette confrérie.

C'est le 2 mai 1467 qu'il rédigea lui-même ses priviléges, ses statuts et ordonnances d'*octroye* et d'érection.

Avant d'entrer dans cette association, il fallait prêter un serment solennel à Dieu et à *monsieur* St-Sébastien : d'obéir et de garder fidélité auxdits statuts et réglements. Les gens de mauvaise vie et mœurs en étaient exclus.

La confrérie se composait d'un roi, d'un connétable, d'un greffier, de plusieurs violons, d'un tambour, d'un valet ou fou et de vingt-quatre confrères.

Tous étaient tenus, sous peine d'une amende de 52 sous parisis, d'aller à la messe le jour de la fête.

Lors du tir, quiconque s'absentait était passible d'une amende de dix sous ; celui qui abattait le geai était proclamé roi pour l'année.

Le coup d'honneur appartenait au comte ; il se payait 5 livres 15 sous ; le coup du mayeur qu'on tirait le second était de trois livres.

Chaque confrère devait être *cognu chrestien* bon catholique, remplissant tous ses devoirs, et être muni d'un certificat de son pasteur.

La tête du vainqueur était ceinte d'une couronne d'argent, et pour prix de son adresse, il recevait une *vaisselle* également d'argent.

Trois livres d'amendes étaient infligées à ceux qui s'enivraient, se querellaient et *disoient paroles et juremens deshonnêtes* contre les lois divines et humaines.

Pour droit seigneurial le comte n'exigeait qu'une *flesche* en nature, ou en espèce, que le roi ou le connétable devait payer à la *mi-carême*.

Sur ces entrefaites, Jean de Vertaing vint à mourir, et fut remplacé par Rodolphe, dont on ignore le nom patronimique.

Ce dernier avait épousé la demoiselle du seigneur de Bêvres, bâtard de Bourgogne, décédé en 1504, et inhumé à Tournehem.

Tout porte à croire que ce comte de Fauquembergues appartenait à la famille de Vertaing.

C'est vers l'an 1503, qu'Antoine, baron de Ligne et de Belleil, prince de Mortagne, surnommé le *grand diable de Ligne*, à cause de ses exploits militaires, acheta le comté de Fauquembergues avec tous les droits et priviléges attachés à la possession de cette terre.

Selon le père Anselme et Vinchant, ce comte mourut en 1532. Il fut inhumé à St-Pierre de Louvain.

Comme ses prédécesseurs, le nouveau seigneur de Fauquembergues comptait parmi les feudataires qui relevaient de son château, les seigneurs et les habitans de *St-Miché* en Artois, comté du boulonnais, d'Avesnes-lès-Erly, d'Enne, de Serques, de Wavrans, de Wuilquin, de Remilly, de Cléty, d'Ouve, de Warnec, Mercq-St-Liévin, de Samblethum, de Coyette d'Assonval, de Vinchy, de Campagne et de Menca. Tous étaient tenus d'apporter jusque dans les greniers de son château une certaine quantité de blé, à *la mesure de Fauquembergues*.

Desnielles, seigneur de Cléty, pour son château et sa maison, payait *en outre de recognoissance*, tous les ans le jour de la pentecôte, une *lanche* à *rochette*.

Lumbres, Acquin, Fléchinel et autres localités

étaient soumises au droit de *wette* pain, et de *funcage.*

Les serfs du comte de Fauquembergues lui payaient par *chaque tête* un denier parisis le jour de St-Lambert, 17 septembre.

Lorsqu'ils se mariaient ou venaient à mourir, ils étaient également tenus de lui payer cinq sous, à peine de confiscation, de corps *homme et femme,* et toute génération *d'icelle ,* comme il en avait été confisqué du *passé, un cent* (1).

En ce temps, le bailli de St-Omer tenait des assises extraordinaires au château d'Edéquines, où tous ses feudataires devaient se présenter.

Seul, le comte de Fauquembergues, avait le privilége d'y envoyer son bailli ou à sa place un préposé. Ce dernier n'y paraissait qu'avec les ornements et les attributs du comte.

Tous les ans chaque seigneur et haut justicier, tenait aussi dans ses limites les franches vérités, pour punir et corriger les délinquants.

« Ainsi en may de l'an de J.-C. 1520, fust assiné
» à comparoir en la jurysdiction des franches vérités,
» pour crisme d'avoir escussé bois vivants, et croissants
» en la propriété de Jehan Quentin, en las deschà la
» comté d'Arques, Pierre Torsy de Falkemberg, et
» Jeham Dows de St-Omer, fust adjuger à iceux,
» chacun un demi-marc d'argent (1 franc 46 cent.),
» pour amende et dépens (2). »

A l'imitation de St-Omer, cet usage se pratiquait aussi par les comtes de Fauquembergues sur tous les alleux qui relevaient de leur bailliage.

(1) Cartulaire de la seigneurie de Fauquembergues.
(2) Jean Derheims.

La coutume locale du baillage d'Amiens, en 1507, prévoté de Montreuil, s'expliquait ainsi :

« Les baillis, francs hommes et officiers du conté de Fauquembergh, ont droit d'aller une fois l'an, partout la dite conté, en telle part qu'il leur plaît, es lieux et seigneuries subjectes, et subalternes de la dicte conté, tenir les franches vérités..... Auxquelles les subjetz de la dite comté, ayant manoir sur front de rue, amazé, ou que l'on puisse amazer, sont tenus à comparoir, sur et peine de 60 sous parisis d'amende. »

Leurs habitants étant exempts de taille, des lois municipales les gouvernaient, en assurant leur liberté et la *franchise* des étrangers que le commerce attirait au milieu d'eux.

Outre ses pairs, lorsque le comte quittait son manoir gothique, il y entretenait un châtelain, qui jouissait d'une portion de censives et d'autres droits seigneuriaux.

C'est pendant une de ses absences que le prince de Ligne, en 1513, envoya des guerriers pour défendre son château.

Etaient-ce les impériaux ou les Français qui préludaient déjà par diverses escarmouches, à la célèbre bataille d'Enguinegatte? On sait qu'elle fut livrée le 18 août, même année, dans le canton et à peu de distance de Fauquembergues.

On appela cette affaire, *journée des éperons*, parce que nos Français, ce jour-là, s'en servirent bien plus que de leurs épées.

Bayard, ce brave chevalier sans peur et sans reproche, qui soutenait la retraite, y fut fait prisonnier.

Pendant ce temps, la paix fut conclue de nouveau

avec l'Angleterre ; une entrevue eut lieu entre le monarque anglais et le roi de France, près de Guines, le 25 juin 1520.

D'après le journal de Louise de Savoie, mère de François Ier, ce monarque partit d'Ardres pour se rendre à Térouanne, accompagnée d'une partie de la noblesse française ; il traversa le lendemain Fauquembergues pour se rendre à Boulogne et de là à Etaples.

Cette année, *une cloque fut fondue*, par Jehan Bergier, de St-Omer, pour « l'esglise de Falquembergues. »

La guerre continuait toujours avec les impériaux qui s'étaient rendus maîtres de Térouanne, en 1523.

François, duc de Vandôme, essaie de les en chasser, après avoir pris la ville de Bailleul.

Sur ces entrefaites, un autre corps d'armée se dirige vers Ruisseauville et Azincourt, pour joindre l'ennemi à Audincthun et à Delette, où il s'était campé.

Le maréchal de Lude avait pris position à Fauquembergues, afin de tirer plus facilement des vivres de Montreuil et d'empêcher par là même, les impériaux de recevoir aucun secours de St-Omer.

Mais à notre approche, ils quittèrent furtivement Audincthun pour se poster à la hauteur d'Upen, puis à Helfaut, d'où ils prirent honteusement la fuite.

L'armée française, après avoir stationné dix à douze jours à Audincthun et à Fauquembergues, afin de ravitailler Térouanne, partit pour l'Italie, où l'attendait la conquête du Milanais.

L'intrépide Pontdormy, en l'absence du duc de Vandôme, reçut le commandement de la province d'Artois. A la tête de ses troupes, il part de Montreuil, traverse

Fauquembergues, et vient de nouveau ravitailler Térouanne, 1525.

Le Neuf-Fossé était le plus grand obstacle à ses opérations stratégiques.

Espèce de canal depuis St-Omer jusqu'à Aire, le Neuf-Fossé, garni de pièces d'artillerie, gardait toutes les issues qui aboutissaient à ces deux villes.

Protégé par ce canal, les Flamands faisaient paître paisiblement leurs troupeaux chez eux, en y retirant toutes leurs richesses, comme dans un lieu très sûr. C'est donc contre ces forts que Pondormy va diriger son attaque.

Il donne ordre au bailli de Samer, gentilhomme boulonnais, de se rendre à Fauquembergues, au déclin du jour, à la tête de mille à douze cents braves. Pontdormy ne tarde point à le suivre avec deux à trois cents hommes d'armes, dont cinquante étaient commandés par le comte de Dammartin.

De retour de Térouanne, où il avait conduit les vivres apportés de Montreuil, il se trouve à Fauquembergues à la tête de ses gendarmes, après avoir recommandé à du Frenoi, gouverneur de la capitale de la Morinie de lui envoyer des troupes et deux couleuvrines.

Avec ce renfort, le brave Pondormy emporte d'emblée le retranchement du Neuf-Fossé. Il s'empare des richesses et des troupeaux des Flamands ; chargé de ce butin, il vient le déposer à Fauquembergues, protégé par les troupes du bailli de Samer et par la cavalerie qu'il avait reçue de la garnison de Térouanne.

Quelques jours après, ce grand capitaine, par une mort bien tragique, fut enlevé à la France, pendant le siége de la ville d'Hesdin.

En 1537, Charles-Quint venait d'enfreindre le traité de Cambrai, lorsque François Ier mit sur pied une armée formidable pour ouvrir la campagne dans les premiers jours du printemps.

Les ennemis expédièrent alors toutes leurs troupes sur Aire, Béthune et St-Omer, pour s'emparer de la ville de Térouanne que le roi de France fit ravitailler aussitôt.

C'est de Montreuil que devaient partir les vivres pour cette place importante. Selon Dubellai, Annebaut, capitaine-général de la cavalerie légère, fit savoir à ceux de Térouanne, le jour et l'heure qu'il se trouverait *dans la forêt de Fourquenberghe* avec les munitions, pour aller à la découverte sur le chemin d'Aire, de St-Omer, et venir en même temps recevoir les vivres qu'il leur apportait.

Ses ordres furent ponctuellement exécutés; les seigneurs du Biez, gouverneur de Boulogne, et de Créqui, lieutenant pour le roi à Montreuil, vinrent grossir la garnison de Térouanne à la tête de leurs compagnies de deux cents chevau-légers.

Ils furent inquiétés dans leur marche par quelques détachements de cavalerie de la garnison d'Aire et de St-Omer; mais les ayant chargés vivement, et forcés à la fuite, ils gagnèrent la ville de Fauquembergues.

Le prince de Croy, informé de l'échec que ses troupes venaient d'essuyer, part à la tête de sa cavalerie pour surprendre de nouveau les Français entre Fauquembergues et Térouanne.

Posté de manière à ne point être aperçu, le hasard le fit découvrir par sire d'Halluin, enseigne du sieur de Créqui de Bernieule, dans une escarmouche contre les troupes ennemies. Informé par lui à temps, le capitaine de la cavalerie légère de la garnison de Fauquembergues, sut éviter le piège.

Cependant St-Pol, Hesdin et Montreuil venaient de tomber au pouvoir des impériaux, lorsqu'ils traversèrent Fauquembergues, pour se rendre également maîtres de Térouanne. Ils furent arrêtés dans leur marche victorieuse par la reine douairière de Hongrie, sœur de Charles-Quint, et gouvernante de Pays-Bas. Elle fit proposer aux deux puissances ennemies, une suspension d'armes qui fut acceptée. C'est à Bomy, canton de Fauquembergues, que les généraux de Charles-Quint et de François Ier, conclurent une trève de trois mois, le 30 juillet 1537.

Ce terme écoulé, les hostilités reprirent et furent suivies de la trop funeste journée da Pavie, où 25,000 Français pèrirent, tant sur le champ de bataille que dans le Tésin.

François Ier, tombé au pouvoir de l'ennemi, fait un traité à Madrid le 24 février, par lequel il cède à l'Espagne la province de l'Artois, qu'elle conserva jusqu'au traité de Nimègue et la paix des Pyrénées.

Le Hamel-lez Fauquembergues appartenait déjà à cette puissance; il était soumis aux coutumes générales d'Artois, immédiatement suյet au conseil de cette province, et du bailliage de St-Omer, en vertu d'un édit de Charles-Quint, du 12 mai 1530.

Ce hameau, devint un fief de la duchesse de Parme. Dans le même temps un prince de ce nom comptait parmi ses vaillants capitaines un comte de Fauquembergues.

D'après l'article 7 des coutumes d'Artois rèdigées

en 1531, tous les sujets du comte de cette province étaient tenus à certains droits féôdaux, « *saulf ceux de la conté de Faucquemberghe, à cause que le conte se présente, ou envoie homme armé et habillé, en conte pour l'acquit et descharge de ses subjetz.* »

A quelques années de là, Jacques, comte de Ligne, qui avait remplacé son père dans la seigneurie de Fauquembergues, venait de descendre dans la tombe, 1552.

L'Artois, jadis l'un des plus beaux fleurons de la couronne de France, était un éternel foyer de discorde, entre les deux monarques François Ier et Charles-Quint.

Le DELETI MORINI venait d'avoir un long retentissement, et les ruines fumantes de Térouanne avaient jeté la stupeur dans tout le royaume (1553).

Dès ce jour, le vaste diocèse de la Morinie. qui depuis 500, sous Antimonde, jusqu'à Antoine de Créqui, 1553, avait été occupé par 59 évêques, dont plusieurs cardinaux et deux papes, fut remplacé par les diocèses de St-Omer, d'Ipres et de Boulogne, en vertu d'une bulle de Paul IV, 1559, confirmée par Pie IV, le 11 mars 1560.

Sur ces entrefaites eut lieu, sur une partie du territoire de Fauquembergues , la célèbre bataille pour le château de Renty, 13 août 1554.

Henri II, roi de France, qui avait succédé à son père, après avoir ravagé le Brabant, le Hainaut et le Cambrésis, vint à Fruges le 8 août.

A la tête de son armée, la plus brillante de ce temps, ce monarque dirige le même jour sa marche sur Fauquembergues, où il fit camper sa cavalerie légère.

Fauquembergues reçut alors le prince Louis, frère du roi, le duc de Vendôme, le connétable de Montmorency, le duc de Guise, le meréchal de St-André, Gaspard de Coligny, seigneur de Châtillon, et une partie de la noblesse qui était venue se presser autour du souverain.

Devant tant de héros, le château de Renty ne devait pas tenir longtemps, et là comme à Metz, le monarque espagnol vit pâlir son étoile.

Le duc de Vandôme fut chargé de faire les premières sommations. Son intention était en outre, selon Piers, de faire raser le château de Fauquembergues.

Après un combat acharné de part et d'autre, les troupes de Charles-Quint laissèrent huit cents hommes sur le champ de bataille, et les Français restèrent maîtres de la forteresse de Renty, qu'on regardait encore comme la protectrice de l'Artois.

Après cette journée les deux puissauces belligérantes ayant fait la paix, ce pays semble avoir joui de quelque repos.

Philippe de Ligne, comte de Fauquembergues, et fils du précédent, capitaine des gardes du roi d'Espagne, avait joué un grand rôle dans cette dernière guerre.

Décédé en 1583, il avait, de son vivant, légué le comté de Fauquembergues à Georges son frère, mort aussi dans le courant de l'année 1579.

Comme Philippe de Ligne lui avait survécu, cette seigneurie lui revint de plein droit.

A l'année 1575, on remarque dans le grand cartulaire de St-Bertin, plusieurs sceaux des comtes et baillis de Fauquembergues.

En 1595, les hostilités reprennent entre la France et l'Espagne, à qui Henri IV déclare la guerre.

Les troupes françaises se mettent de nouveau en

campagne, et dès le 7 mars, elles avaient ravagé le vieil Hesdin, Fruges et Fauquembergues. Alors son château existait encore, selon Harbaville, quoique plusieurs fois ruiné, mais toujours rétabli.

Cette forteresse antique que les Romains, peut-être, avaient érigée, et qui avaient bravé, à travers quinze siècles, les assauts réitérés des Barbares du nord, des Francs, des Anglais et des guerres féodales, devint enfin la proie des Français!

Pour se venger de la perte de Térouanne, ils brûlent en partie cette ville et son château, renversent ses belles tours, l'orgueil du moyen-âge. Toutefois l'église fut respectée.

Comme le destructeur de la capitale de la Morinie, les troupes françaises n'avaient point juré de faire passer la charrue sur les ruines de Fauquembergues; aussi quoique démantelée cette ville resta debout.

L'honneur de la France ainsi vengé, la tranquillité fut de nouveau rendue au pays, et les habitants reprirent leurs travaux accoutumés, en se livrant avec ardeur à l'agriculture et au commerce.

En 1620, les Artésiens reçurent l'autorisation de planter le tabac; cette plante, originaire d'Amérique, connue primitivement sous le nom de *nicotiana, petum, sive tabacum*, avait été importée en France, dès l'an 1560, par Nicot, ambassadeur à la cour du Portugal. Fauquembergues obtint aussi le privilége de cultiver cette plante.

Je ne sais pourquoi on a laissé tarir, dans ce canton, cette branche d'industrie : assurément elle devait être pour ce pays une source de richesses; car, d'après Jean Derheims, outre que le tabac était cultivé pour la consommation locale, Fauquembergues en expédiait encore dans l'Alsace qui seule ne pouvait alimenter ses nombreuses manufactures.

A peine cette cité était ainsi relevée de ses pertes, que la guerre avec toutes ses fureurs vint de nouveau fondre sur elle.

C'en est fait, comme ville, sa dernière heure est sonnée!!! Sœur et contemporaine de Térouanne, elle ne lui aura survécu de quelques années que pour être réduite désormais à la triste condition de bourgade !

Louis XIII venait de succéder à son père. Héritier de son trône il avait aussi hérité de sa vieille haine contre les ennemis de la France. La victoire l'accompagne; partout il refoule l'ennemi sur ses terres et ordonne aux maréchaux de Chaulnes et de Châtillon de brûler deux fois autant de villes en Artois, que les Espagnols en avaient brûlées en Picardie.

Ce monarque, selon quelques auteurs, n'infligea ainsi la peine du Talion, que parce qu'il voulait forcer ses adversaires à faire la guerre avec plus d'humanité.

Après cette expédition tombèrent au pouvoir des Français, toutes les villes et bourgades d'Artois, à l'exception d'Aire et de St-Omer.

C'est à cette époque désastreuse que Fauquembergues fut définitivement ruiné, son église livrée aux flammes et son antique château totalement détruit.

L'étendue de son enceinte et le tracé encore imposant de ses fortifications, la place de ses fossés, témoignent de son ancienne importance.

Ces vestiges diront aux âges futurs les maux qu'entraîne la guerre et le vandalisme affreux qui en est la triste conséquence !

Au milieu de ce chaos de misères, les habitants s'étaient réfugiés dans leur église, *pour tenir fort*, et se défendre *contre les insultes et pillages des ennemis François*.

. *Lesquels ennemis à ceste cause, et pour empescher que l'on y feroit pareille retraicte et résistance contre eux, y ont mis le feu, et aultrement la ruinent entièrement* (1).

C'est depuis cette catastrophe que le comte de Fauquembergues impliqué dans un procès, et pour exciter la commisération de ses juges, disait avec exagération sans doute, que Fauquembergues *étoit un plat village qui n'est point et né a esté depuis deux cents ans environ, ou aultre longtemps ville fermée ne de murs, ne de portes*.

Alors Fauquembergues perdit ses trois religieuses du tiers ordre de St-François, qui depuis 1212, avaient été attachées à l'hospice de cette ville, par Guillaume, comte dudit lieu.

Le chapelain de la *Madelaine* y desservait une chapelle, sous le vocable de St-Jean.

C'est en 1636 que ces malheureuses filles de Dieu quittèrent donc pour ne plus le revoir, cet asile pieux, que les administrateurs de la ville convertirent plus tard en presbytère, et qui aujourd'hui sert encore à la même destination.

Cette perte fut vivement sentie à une époque où l'art médical offrait si peu de ressource hors des grandes localités, et où la vie des malheureux était livrée à de misérables charlatans.

Cette maladrerie fut dès lors unie par un arrêt de

---

(1) Manuscrit des archives de Fauquembergues.

1672 et 1675, aux chevaliers de l'ordre de Notre-Dame-du-mont-Carmel et de St-Lazare.

Malgré ces divers changements, Lamoral, premier prince de Ligne, conserva le comté de Fauquembergues qu'il tenait de Philippe de Ligne.

Ce noble comte joignait au titre de prince de Ligne, ceux de prince du Saint-Empire et d'Amblise, de souverain de Faignol, bair maréchal et sénéchal du Hainaut, bair de Namur et premier bair de Flandre, grand d'Espagne de la première classe, chevalier de l'ordre de la Toison-d'Or, colonel, général-major et grand chambellan de S. M. Impériale des Espagne, etc.

Comme ses ancêtres, il avait dans son comté, haute, basse et moyenne justice.

Dans la rédaction des coutumes de St-Omer, à la déclaration des villes et bourgs de ce bailliage, on lit : *Fauquembergues paroisse, ville et comté, à quatre lieues de St-Omer, haute justice au prince de Ligne.*

Son fils Florent décédé avant son père, en 1622, portait aussi le titre de comte de Fauquembergues.

Lamoral reconnut à son investiture que Fauquembergues *aveit été ville d'ancienneté, close et fermée de murs, portes et fossez, qui par l'injure des guerres passées avaient été démolies.* Il la reconnut encore pour ville de loi et privilégiée, avec marché, toutes les semaines, et deux *francques foires en l'an*, dans les premiers jours de mai et de novembre.

Il conserva huit échevins y compris le mayeur, les bourgeois furent *noblement fondez et donnez*, de plusieurs beaux et *notables* privilèges, qu'avaient autrefois reconnus les comtes d'Artois et plusieurs rois de France.

Tous les ans on y tint encore les franches vérités, et

le mayeur pouvait quant à la *judicature* connaître tous les cas qui *advenaient* en ladite ville et banlieue, tant civils que criminels.

A cette époque vivait le sieur Marcotte, grand bailli et gouverneur de Fauquembergues, à la place du prince de Ligne qui commandait les troupes espagnoles.

Toujours rivales, la France et l'Espagne se disputaient la souveraineté de la province d'Artois.

Après un siége de six semaines, Lameilleraie, à la tête de 32,000 hommes venait d'enlever la ville d'Hesdin, battue en brèche par 30 pièces de canon.

Le bâton de maréchal que Louis XIII lui décerna sur une des brèches de cette place importante, fut le prix de sa haute tactique militaire dans ce siége mémorable.

Pour assurer à la France cette nouvelle conquête, couvert de lauriers, ce brave général dirigea son armée victorieuse vers St-Omer, en traversant Fruges et Fauquembergues, l'an 1642.

Il fut suivi dans sa marche triomphante par les maréchaux Goisselin, Gassion, la Bourdonné, Turenne, Valmont, Mondjoi, Brezé Castelnau, Bellebrune, Bellefont, Courtené, Launoy et l'évêque d'Auxère.

A quelque temps de là, en juin 1657, les Espagnols donnèrent encore l'épouvante à Fauquembergues lorsqu'ils se rendirent à Hesdin que devait leur ouvrir la trahison de Fargues.

Le 20 mai 1648, le grand Condé s'immortalisa dans la plaine de Lens, où les Espagnols de nouveau battus, perdirent tout leur bagage et trente pièces de canon.

Ce jour que l'histoire a buriné au temple de la gloire, nous livra d'illustres prisonniers, parmi lesquels un grand nombre d'officiers, le général Bêke et le prince de Ligne, comte de Fauquembergues, Claude Lamoral, fils de Florent.

Rendu à la liberté, ce guerrier se retrouvait à la tête des troupes espagnoles pour surprendre Calais, en 1657.

Après une vive résistance de la part des braves Calaisiens, le 30 juin à dix heures du matin, le prince fut forcé de battre en retraite, ayant perdu plus de cent hommes et traînant à sa suite trois chariots de blessés qu'il dirigea sur Térouanne.

Toutefois Gravelines restée au pouvoir des Espagnols leur donna l'idée d'enlever aux Anglais la petite ville de Mardick. Le siége de cette place fut confié au prince de Ligne Claude Lamoral, comte de Fauquembergues et au marquis de Caracène.

Charles II, roi d'Angleterre, et le duc d'York son frère, vinrent en personne pour la défendre.

Mais que purent ces personnages devant un Turenne dont l'épée invincible: après avoir taillé en pièce Anglais et Espagnols, rendit à la France ces diverses places, ainsi que la ville de Dunkerque, en 1658.

La paix fut enfin accordée à la France, et nos campagnards rendus au bonheur et et à leurs travaux, par le traité des Pyrénées, conclu à Arras, le 6 avril 1660.

L'agriculture prit un nouveau développement; le tabac avait fait place à la culture du lin à Fauquembergues; cette plante y fut exploitée avec succès pendant les xvᵉ, xvıᵉ et xvııᵉ siècles.

On regardait ce lin comme le meilleur de l'Artois et

de la Picardie. De plus, l'endroit était très renommé pour ses *bons tisserands* et *sérincheurs*.

Pendant les guerres désastreuses dont cette province fut le théâtre, l'église de Fauquembergues avait beaucoup souffert, comme nous l'avons vu.

Les habitants avaient travaillé à la réparation de la grande nef, à laquelle ils étaient tenus; mais les décimateurs de cette paroisse, les évêques de Boulogne, de St-Omer, les doyens et chanoines d'Ipres, devaient restaurer le dôme et chœur de cet édifice religieux.

Ne voulant contribuer en rien à ces réparations devenues urgentes, leurs dîmes furent saisies, le 1er septembre 1660, par un arrêt du procureur-général du couseil d'Artois.

Les chanoines gradués d'Ipres, *translatés de Térouanne*, appelèrent de cet arrêt, au grand conseil de S. M. à Malines, contre les doyen et chanoines de la collégiale et les *mannants* et habitants de la ville et comté de Fauquembergues.

Les mayeur et échevins de la ville d'Aire et de St-Omer furent délégués par les chanoines d'Ipres pour traiter cette affaire encore *ventilante* audit grand conseil. Ils s'appuyaient sur plusieurs raisons très curieuses et pleines d'intérêt, dont voici les principales que j'ai extraites des pièces du procès. Après avoir admis que de tout temps il existait dans l'église de Fauquembergues un chœur dans lequel les chanoines ont toujours fait leurs offices, les opposants ajoutaient:

« Qu'en dehors d'icelluy, il y avoit, paravant la ruine de la dicte église, pendant le siége de la forteresse de Renty, en l'an 1638, une chapelle avec un autel, à costé droict de la sortie du dit chœur, que l'on nommoit l'autel de la paroisse.

» Auquel les pasteurs qu'il y a eu au village de Saint-Martin-d'Ardinghem, tenant au dit Faulcquemberghe, y ont tousiours venu dire la messe paroissiale, après avoir chanté celle que l'on a de tout temps fait en celle du dict Ardinghem, et y beny l'eau, d'*où on la portoit* en la dicte *chapelle* dudit *Faulcquemberghe*, comme étant le secours du dict Ardinghem.

» Cela s'estant tousiours ainsi faict par les sieurs Desnau, Libourel, Thiébaut et maistre Jean de Crespy et aultres, qui successivement ont esté pourveux de la cure du dict Ardinghem et du *sus dict secours* de Faulcquemberghe.

» Vraisemblablement pour ce que la dicte paroisse et principale église du dict Ardinghem, s'extend fort avant en la dicte ville de Faulcquemberghe, et jusques au pont à *plances*, et la maison du sieur Delattre, voisine de la collégiale.

» Laquelle est située ainsi que toute la dicte ville de Faulcquemberghe, soubs le ressort du baillage de St-Omer, au lieu que celle du dict St-Martin-d'Ardinghem, et le dict village, se trouve estre de la régale de Téroanne, immédiatement subjecte à la jurisdiction du conseil d'Artois. De tout quoy résulte que le véritable chœur de la paroisse du dict Faulcquemberghe est celui de la *dicte église d'Ardinghem* et non celui d'icelle collégiale.

» Puisqu'en celle ci, il n'y a pour tout aultre endroict que le susdict autel, audict côté droit, d'icelle sortie du dict chœur, où l'on fait et se font journellement les fonctions paroissiales par lesdicts pasteurs d'Ardinghem. » — (Manuscrit des archives de Fauquembergues.)

Par des vues bien plus élevées, le 29 octobre 1677, M. de Fromensen, chanoine de Fauquembergues,

(M. Hanicot, curé-doyen,) légua à l'église **1280** florins, monnaie de Flandre, dont 460 et 16 patards, monnaie de France 576 livres, pour établir deux *coraux*, tenus d'assister tous les jours aux offices de la collégiale.

A la suite de cette institution, pour droit d'amortissement, Rigebourg, receveur de la fabrique de Fauquembergues, paya 36 livres à messire Gédéon Dumetz, conseiller du roi et garde du trésor royal, 20 juillet 1683.

L'année précédente, la fabrique lui avait également versé la somme de 285 livres, taxée au conseil du roi, pour une donation de 21 mesures 3 quartiers de terre.

Sur ces entrefaites, la France rentra dans ses anciennes limites, et Fauquembergues fut rendu définivement à ce royaume, sous Louis XIV, par le traité de Nimègue, conclu avec Philippe IV, roi d'Espagne, 16 septembre 1678. Une année après, Claude Lamoral laissa, en décédant, le comté de Fauquembergues, à Henri-Louis-Ernest, prince de Ligne, son fils.

Son noble père, d'après la remarque de l'archiviste Durieu avait loué le moulin de Fauquembergues avec cette close : que *la rente pieuse de douze boisseaux* de blé par semaine serait continuée aux chanoines de la collégiale, le 15 juillet 1677.

Un vieux recueil, ayant titre *Consistance de la conté de Faulcquemberghe*, rapporte que ledit moulin devait payer 36 *septiers de blé*, 7 *florins et* 7 *patards au susdit chapitre*.

Du 19 décembre 1698, Jean-Jacques Debay, devenu propriétaire du moulin, paya également chaque semaine les douze boisseaux de blé, jusqu'à l'époque où Claude, prince de Ligne et comte de Fauquemberquembergues , racheta cet immeuble , vers l'an 1712.

Décédé en 1702, son père avait laissé plusieurs enfants : Antoine-Joseph Guislain, chanoine de Cologne,
décédé aussi à l'âge de 28 ans, en 1710.

Claude avait recueilli sa succession ainsi que celle
de l'auteur de ses jours.

Ce comte fut témoin de la rédaction des coutumes
de St-Omer, en 1739, et vécut jusqu'en 1757.

Alors les baronies d'Eskebecq et de Ledreghem
étaient tenues en un seul fief du comté de Fauquembergues , d'après l'article 1 ^{r} des coutumes de ces baronies , insérées dans celles de Bergues-St-Winocq , et
homologuées le 29 mai 1617 (1).

On connait à cette date plusieurs sceaux des
comtes de Fauquembergues consignés dans le grand
cartulaire de St-Bertin (2).

En ce temps, selon Guizot, s'était opéré le travail de
fermentation et d'amalgame des trois grands éléments
de la civilisation moderne : l'élément romain, l'élément
chrétien et l'élément germain.

Soumis au roi de France, l'Artois continua d'être
gouverné par ses souverains naturels. Toutefois pour
le spirituel, Fauquembergues appartint à la juridiction
du diocèse de Boulogne.

Sur ces entrefaites, la maison de St-Ladre avait été
convertie en un hôpital, en vertu de lettres-patentes

(1) Maillard, Chronol. hist.

(2) M. Dezeustre, à Fauquembergues, possède deux de ces sceaux
en cuivre. L'un représente un faucon en repos, ayant en sautoir l'é-
cusson armorié de la maison de Ligne, avec cette légende : *Seel de la
conté de Fauquemberghes* ; l'autre, un faucon aux ailes étendues, avec
cette inscription : *Contreseel de la ville et conté de Fauquemberghes.*

données à Versailles, par Louis XIV, en décembre 1696, d'après un arrêt du conseil d'état privé du roi, le 31 août même année.

Mgr. de Breteuil, évêque de Boulogne, et de Bignon, intendant de Picardie et d'Artois, avaient obtenu l'érection de cet établissement pour les malades de Fauquembergues, de Coupelle, de Torchy et d'Auchi-lez-Moines, dont les biens et revenus avaient été réunis à ceux de l'hospice de cette ville.

Ces lettres-patentes furent enregistrées et exécutées selon leur forme et teneur, par un arrêt du parlement de Paris, le 14 avril 1697.

Cette année, MM. de Monchy de *Wuismes*, docteur en théologie, chanoine, grand pénitentier, vicaire-général de l'évêque de Boulogne, official et juge ordinaire de l'évêché se rendit à Fauquembergues, accompagné de l'abbé Girard, bachelier en théologie, chanoine et promoteur.

Ayant convoqué à la chambre échevinale les bailli, échevins et notables de la paroisse, ils leurs donnèrent connaissance des lettres-patentes de S. M., afin qu'ils eussent à s'occuper de suite de la construction de cet édifice important.

Baltazard Bonnière était alors procureur d'office de la ville, receveur de l'hospice et du chapitre, sous M. Robitaille, curé-doyen de la collégiale.

On convint donc d'acheter une maison dans la Grande-Rue, aujourd'hui rue Monsigny, tenant d'un bout à ladite rue, de l'autre au *petit Bourlant*, d'une liste à Pierre Gobert et de l'autre à Adrien Dufrêne.

Jean-Jacques Debay, grand bailli de Fauquembergues, par procuration du prince de Ligne, fit l'acquisition de cette propriété de Julien Dufrêne, époux de Jeanne Loquin, veuve de Bertout, dont acte passé à Fruges, 1699.

Cet hospice qui, actuellement, sert d'écoles communales aux filles et aux garçons, ainsi qu'aux séances du juge-de-paix, fut terminé au commencement de l'année 1707.

Le 20 juillet suivant, Mgr de Langle, évêque de Boulogne, se rendit à Fauquembergues.

De concert avec MM. Gobron, doyen ; Cappe, mayeur de l'endroit, et les autorités, Sa Grandeur y installa trois sœurs de Providence, qu'elle avait amenées de sa ville épiscopale.

Les revenus de la maison de St-Ladre, quoique diminués, ne laissèrent point de suffire pour l'entretien de cet établissement, auquel avaient droit, comme nous l'avons dit, les malades de Coupelle, Torchy et d'Auchy-les-Moines.

Alors l'hospice possédait une ferme à St-Martin-d'Ardinghem, dite encore aujourd'hui *la ferme de l'hôpital*.

D'après un compte particulier des revenus de Saint Martin, que Denis Godefroy rendit le 6 mai 1530, à M. le cardinal de Lorraine, évêque de Térouanne, cette ferme avait 90 mesures environ, tant de manoir amazé, pâtures, que de terres labourables.

Ce compte avait été signé par les officiers de Saint-Martin-d'Ardinghem ; Dupuis, Jean Feuille, Biran, Le Ratte, Capron et Tillart.

Que sont devenues ces familles, dont les noms n'existent même plus dans cette commune ?

Jean Liot fit le même dénombrement à Mgr Bodot,

évêque de St-Omer, le **11** octobre **1629**, souscrit par Antoine Richebourg et Jean de Baussart.

L'occupeur de cette ferme, Pierre Marger, payait chaque année **130** florins de location, **18** octobre **1619**.

Charles, roi de Castille, d'Aragon et des Deux-Siciles, octroya une charte, **15** mai **1677**, à son *cousin* le prince de Ligne, comte de Fauquembergues et aux habitants de cette ville, par laquelle il leur confirmait le droit qu'ils tenaient depuis trois ou quatre cents ans, de percevoir *six sous sur chaque tonneau de bierre* que faisaient les *hostelains* et brasseurs de Fauquembergues.

Ce droit rapportait cinquante à soixante florins pour la ville, dont un quart appartenait au prince de Ligne.

Les titres et les *munimens* de ce privilége avaient été brûlés et *démannez* par le pillage, *ruine entière et embrâsement* de cette ville, de son château et de l'église lors des guerres de **1635**.

Le **30** juillet **1686**, les confrères de St-Sébastien revisèrent leurs statuts.

Le **3** mai **1689**, maître Liévin Delepouve, *curé de Merck-St-Liévin*, se retira de cette société, après avoir payé trois livres, conformément à un article du réglement. **1691**, maître François-Paul Monthois, *vicaire de St-Martin-d'Ardinghem*, fut reçu confrère, après le serment d'usage, à *monsieur sainct* Sébastien. Alors le tir *à l'oiseau* avait lieu le jour de l'ascension, ou le deuxième dimanche de mai, à l'issue des vêpres.

Dans leur réunion de l'année **1719**, le coût du diner fut de *quatre livres de bière, huit livres deux sous six deniers pour cinq quartiers de veau* et trente sous de pain.

Ces denrées étaient bien peu chères, ou assurément on était plus sobre que de nos jours!

Enfin au **20** janvier 1749, les confrères convinrent d'entretenir la chapelle de St-Sébastien, *par pure dévotion*, et de l'enrichir d'une boiserie semblable à celle *de la chapelle de Notre-Dame des affligés.*

Nos provinces ayant changé si souvent de maître, et si longtemps agitées, avaient aussi à réviser leurs anciennes constitutions pour faire respecter les droits de chacun.

Le prince de Croy, comte de Rœaux et seigneur de la Motte-Warnecque, prétendait l'être aussi de Merck-St-Liévin, comme de l'église bâtie sur un fonds relevant de sa seigneurie, 9 décembre 1705.

Des actes des curés, baillis et *Marglisiers* de ladite église, depuis l'an 1573 jusqu'à cette époque, et collationnés par les sieurs Darras et Deremetz, conseillers du roi, en son conseil provincial d'Artois, 1709, semblaient reconnaître cette qualité audit prince de Croy, marquis de Warnecque.

Au contraire, les doyen et chanoines de Fauquembergues se regardaient comme seuls seigneurs de Merck et de l'église, ce qui fit la matière d'un procès long et dispendieux.

D'après plusieurs titres, la terre de Merck-St-Liévin où nous voyons aujourd'hui l'église, aurait été donnée en partie par sire Jehan Michiel, chanoine de la cathédrale de Térouanne.

Ce prêtre lors de sa mort, au XVe siècle, avait légué cette terre à la collégiale de Fauquembergues, afin de s'assurer un certain nombre de messes et d'obits qu'on devait chanter pour le repos de son âme.

Ces dispositions avaient été changées contrairement à l'intention de ce digne prêtre.

Les administrateurs de l'église de Fauquembergues ayant confondu ce don pieux avec la seigneurie de Merck-St-Liévin, qu'ils s'étaient appropriée au milieu de nos discordes avec l'Espagne, ne faisaient plus dire de prières pour leur bienfaiteur.

Aussi juges dans leur propre cause, ces Messieurs se contentaient de payer chaque année soixante florins, monnaie de Flandre, aux chanoines de leur collégiale, comme honoraire de messes *dites seulement pour la paroisse*, les jours de dimanche et de fête, et refusaient au prince de Croy la qualité de seigneur de ladite terre de Merck-St-Liévin et de son église.

Toutefois pendant l'instance de cette affaire, fondés ou non, les deux parties exerçaient leurs droits respectifs, chacun à sa manière.

Ainsi dans le *terrier* des administrateurs de Fauquembergues, entre autres droits seigneuriaux, les échevins et mayeur de 1705, avaient loué la pêche et la chasse de la terre de Merck, c'est à dire ce qui dépendait de l'église, pour la somme de dix livres, avec cette clause importante, que le fermier devait les *régaler de truites*, lorsqu'ils viendraient à St-Liévin.

La veuve Jean-François Wuilquin payait pour une mesure 50 verges de manoir amazé audit Merck, sept sous, un chapon 3/4, et le tiers, 1/6 de pouchain. Enfin l'église de St-Liévin, pour son cimetière et le manoir qui l'environne, donnait un chapon au receveur de l'église de Fauquembergues.

Néanmoins le comte de Rœux, prince de Croy, exerçait aussi d'autres droits sur la seigneurie de Merck-St-Liévin, contre lesquels s'élevèrent en vain M. Gobron, doyen, ainsi que les mayeur et échevins de Fauquembergues.

Maitre Fayolle, au nom de M. Lagache, curé de St-Liévin, réclamait au conseil d'Artois cette seigneurie comme appartenant au prince de Croy, seul et véritable seigneur.

En effet, c'est comme seigneur de cette terre, que le comte de Rœux, en 1724, fit refondre la cloche de Merck-St-Liévin, en s'y intitulant *seigneur de Merck* (1).

Vainement alors le chapitre de Fauquembergues voulut s'opposer à la bénédiction de cette cloche, par un arrêt du conseil d'Artois, rendu contre l'abbé de St-Augustin, venu tout exprès de Térouanne à Saint-Liévin, pour cette cérémonie, et contre MM. Pierre Fayolle, bailli de Warnec, agent du seigneur comte de Rœux, Lagache, curé de St-Liévin et Joseph Labbe de Fauquembergues, greffier du prince de Croy.

D'après les lois qui nous régissent aujourd'hui, il semblerait que Messieurs de Fauquembergues perdirent leur procès, puisque *pour les frais ils payèrent onze cents livres*, au sieur Bosquet à St-Omer, procureur au conseil d'Artois, 4 novembre 1728.

Voici du reste une pièce que je donne littéralement et qui ne manque point d'intérêt pour les deux communes de Merck-St-Liévin et de Fauquembergues. Elle prouve d'un côté l'importance du pélerinage de St-Liévin, de l'autre jusqu'à quel point étaient fondés les droits du prince de Croy, sur la seigneurie de cette localité.

« Le 30 janvier 1641, nous soubsignés marglisiers es paroisse de M. sainct Etienne, en cette ville de Lille, desclarons combien qu'ainsy soit, que depuis quelques

---

(1) Cette cloche portait un écusson aux armes de la famille de Croy, semblable à celui qu'on remarque encore à l'une des portes de l'église.

mois, ayant les sainctes reliques de Monsieur sainct
Liévin esté apportées en l'église de St-Estienne audit
Lille, du lieu où elles reposoient d'ancienneté, qui estoit
au village de Merck St-Liévin, au pays et comté d'Artois, en ce que M. Jacques Ringard prêtre, pasteur dudit
Merck, et le doyen de la chrétienneté de Fauquembergues, afin d'y estre gardée et conservées durant la guerre
entre les deux couronnes ; à quoy ayant favorable regard, avons consenti et accordé consentenir, et accor-
doir par cette, que les dictes sainctes reliques soient
mises, pour estre gardées, en la dicte église, en la chapelle madame sainte Catherine de Sienne, pour d'autant plus donner moyen et accès à ceux qui ont dévotion envers les dites sainctes reliques, pour les honorer
ainsi qu'il se faisoit auparavant les guerres, avec *grand
concours et affluence de peuple au dict Merck-St-Liévin*,
le tout à réquisition du dict pasteur, et sous les condi-
tions suivantes :

» A scavoir, que pour la garde et conservation des
dictes sainctes reliques, ils requièrent qu'il soit commis
et establi le dit maître Jacques Ringuard, ou telle autre
personne qu'il plaira de mettre en sa place, ayant pour
les finir de sa part dénommé, maître Adrien Hecquel,
prestre de la paroisse des dits marglisiers, maître Hu-
bert Hocque, aussi prestre nommé, lesquels ensemble,
ou l'un d'eux, pouldront en la dicte chapelle madame
saincte Catherine-de-Sienne, où les dictes sainctes reliques sont exposées, y tenir buffet, vendre et distri-
buer *images, médailles d'argent du dict sainct, petites
chandelles, luminaires, et aultre chose*, qui sont trouvées
souvenir, et aussi recepvoir toutes aumones qui se den-
neront au dict buffet, et aultrement en l'honneur du
dict sainct, et auront chacun par jour pour leurs paines,
deux patards, qui se prendront sur les aumones qui se

donneront au dict buffet, lesquelles aumones, et tout
aultre profit, et émoluments que reviendront au dict
buffet, se mettront pour ces dicts prestres, commis chaque
jour au troncq exposé en la dicte chapelle, lequel troncq
les bons lundis, ou bien chaque mois, sera ouvert par
les dicts marglisiers présents, et appelé le dict sieur
pasteur de St-Liévin, pour le tout estre reparti avec ce
qui sera trouvé avoir esté donné tant au dict troncq
que celui de dehors esmis à l'encontre la dicte chapelle, entre les marglisiers, et le dict sieur pasteur,
chacun par moitié, dépenses raisonnables au préalable,
prins et déduites par le dict sieur pasteur de la dicte
moitié, pour les réparations et restaurations de l'église
monsieur St-Liévin, *à présent ruinée*, ou aultrement
comme sera trouvé convenu par M. le comte de Rœux
prince de Croy, seigneur du dict Merck-St-Liévin,
gouverneur de cette province, et autre qu'il appartiendra,
moyennant quoi les dicts marglisiers sont tenus, et ont
promis de livrer pain et vin, pour les messes qui se diront et célébreront en la dicte chapelle, et aultre de la
dicte église, à l'honneur du dict sainct Liévin, aux dé-
pends de la dicte église, bien entendu que les messes,
dont plusieurs bonnes personnes tant de cette ville que
de dehors, auront dévotion de faire dire, et célébrer à
l'honneur du dict sainct, seront à la disposition du dict
sieur pasteur, pour par lui prendre et avoir le premier. Le second, de le donner au dict maître Adrien
Hocque, et le troisième au dict maître Adrien Hecquet,
et les autres les bailler aux prestres habitants de la dicte
chapelle Saincte-Estienne, qui auront et debvront avoir
avant tous autres la préférence.

» Et au regard des donations d'*argenteries non mon-
noiées*, qui se feront et donneront par aucunes bonnes
personnes, à l'honneur du dict sainct, et *aussi les orne-*

ments qui sont à présent donnés, et se donneront à l'avenir, iceux demeureront avecq la chasse, où sont mises et reposent les dictes saintes relicques au seul et singulier profit de la dicte église de monsieur St-Liévin, *avecq tous les cocqs et pouilles donnés au dict sainct* (1).

» Quant à toute aumone reçue par le dict sieur pasteur de Sainct-Liévin, que de ses commis, icelui soit tenu, et a promis rendre compte aux dicts marglisiers, depuis le jour de leur entrée et admission des sainctes relicques en la dicte église et chapelle, jusqu'aujourd'hui, datte de cette, le tout fait à condition, aussi que tous frais et dépenses qu'il conviendra de faire, pour célébrer solennité et feste de monsieur sainct Liévin, se prendront hors des dictes aumones.

» Semblablement a été accordé, entre les dicts marglisiers et sieur pasteur, que la chasse où reposent les dictes sainctes reliques, ne se polront emporter hors de la dicte église, et chapelle, où présentement sont reposantes, ne fut-ce lorsqu'il y aura une paix, ou autre accord entre les deux couronnes, et pour les mettre et remplacer en leur lieu et place ordinaire, en l'église du dict Merck-St-Liévin, *en étant requis par le seigneur comte de Rœux, gouverneur du dict Merck* (2). Le dict sieur pasteur, les baillis gens de lois et manans du dict Merck-St-Liévin, et ceux de la paroisse, et arrivant la dicte paix, iceux marglisiers promettent de bonne foy, leur laisser suivre et remporter les dictes sainctes relicques, reconnoissant qu'elles ne sont esté mises, ex-

(1) Ces sortes de donations s'appelaient offrande de cœurs vifs, qu'on vendait au profit de l'église. Selon le R. P. Leclerc, dans sa vie de St-Liévin, ou en reçut jusqu'à 500 dans un seul jour.

(2) La *maitresse Ferrière* du chœur de l'église de cette paroisse, « étoit aux armes du comte de Rœux, en 1630. »

posées en la dicte chapelle, que pour y être gardées, et dépositaire durant les dictes guerres comme dit est.

» Ainsy fait et accordé par les dicts marglisiers assemblés en leur trésorerie avecq M. *le doyen et pasteur de St-Liévin*, que le tous ils ont promis, et promettent respectivement leur maintenir, entretenir et accomplir témoins leurs seings manuels mis le 30 janvier 1641.

» Ringuard prêtre, Philippe Mouxel, Rogier Le Cherf, Jean Lavignel, N. Grassis, Jaccob Videmille, Jacques Warnier, Pierre Delehay, François Cadez et Michel de Lampriel, collation faite de la présente copie à son original exhibée par maître Fayolle, bailli du seigneur comte de Rœux, pour servir et valoir audit seigneur, ou pour qu'il ait en ce conseil par appel du bailliage de St-Omer, à l'encontre des doyen et marglisiers de l'église de St-Léger à Foulquembergue, 23 novembre 1709, cincq heures de relevée. »

» J. F. De Rémetz.
» Si Coppe d'Arras. »

Le 25 août 1739, les états d'Artois n'étaient plus seulement saisis de l'affaire du prince de Croy, seigneur de Rœux et de Merck-St-Liévin, mais ils avaient encore à se prononcer dans un procès entre la collégiale de Fauquembergues et Claude prince de Ligne, seigneur dudit lieu.

Ce noble comte jouissait de deux tiers du droit de *fond*, le comte d'Egmont, vicomte de Fauquembergues, n'en avait qu'un tiers.

Dix-sept terres à clocher, quatre baronnies, douze autres seigneuries et vingt et un fiefs, relevaient immédiatemeut du comté de Fauquembergues.

Alors maître Gaspard Gobron, doyen de la collégiale,

prétendait que le prince de Croy renonçât de nouveau au titre de seigneur de l'église de Merck-St-Liévin ; ce à quoi s'opposa son procureur, M⁰ Fayolle, vu l'instance pendante au parlement depuis le 21 mars 1713.

Le prince de Ligne se rangeant de ce côté, appuya également cette opposition par le ministère de M⁰ Caux, enfin repoussa les prétentions du doyen de Fauquembergues, à qui il refusait la qualité de parler tant en son nom, qu'en celui des administrateurs de cette commune.

Ce fut alors aussi que pour le bailli et francs hommes du château de Fauquembergues, Jean Visconti , leur procureur (1), a observé « qu'ils exerçoient juridiction » sur plusieurs terres en fiefs, et en coteries du comté » de Fauquembergue en première instance; et étoient » juges de ressort des justices qui relevaient au » dit comté ; que Fauquembergues étoit ville de » loi et d'arrêt » et prétendit , au nom du doyen et chapitre de Fauquembergues, que ledit chapitre devait précéder *immédiatement les abbés et religieux de Saint-Bertin*, comme ayant *la première pairie du bailliage de St-Omer* (2).

L'an 1739, Claude prince de Ligne, fit rédiger un mémoire pour supprimer quelques abus introduits dans l'administration de l'hospice.

Cette pièce écrite avec la science du jurisconsulte le plus consommé fut l'œuvre de François-Joseph de Gargan, écuyer de Beaurepaire, et grand bailli de la ville et comté de Fauquembergues, pour le prince de Ligne.

(1) Visconti Jean-Charles , né à St-Omer, le 26 septembre 1703, avocat et échevin de cette ville, décédé le 24 janvier 1782.
(2) Coutumes générales d'Artois.

Deux avocats célèbres de St-Omer, MM. De France et Crépin, n'eurent point de peine à faire comprendre au doyen le sens de leur décision du 6 novembre 1742 : « qu'il n'est jamais permis de changer la destination » d'une fondation, qui doit être suivie exactement. » Depuis plusieurs années il n'en était point ainsi. Au lieu de s'en tenir aux termes des lettres-patentes de Louis XIV, 16 août 1693, l'hospice n'appartenait plus seulement aux malades de Fauquembergues, de Coupelle, Torchi et Auchi-les-Moines, mais bien à plusieurs communes, qui sans autre droit que l'autorisation de M. Gobron, y avaient également accès.

D'un autre côté, selon l'expression de M. de Beaurepaire, l'hôpital était converti en une école où « *on enseignoit, et même on apprenoit à danser soixante jeunes filles étrangères qui achetoient pension audit hôpital.* »

Vu ces abus, le comte d'Egmont Pignatelli, duc de Gueldre, baron de Coupelle, retira les revenus de la Maladrerie d'*icelle*, et le prince de Ligne, haut justicier de Fauquembergues, réduisit les trois religieuses à une seule, et une servante, 20 août 1742.

Cette mesure était devenue nécessaire vu les charges qui pesaient sur l'hospice depuis 1707.

Ses revenus y compris la maladrerie de Coupelle, Torchi et Auchi-les-Moines se composaient seulement de douze cent trente-quatre livres seize sous trois deniers.

La maladrerie de Fauquembergues, à cette époque, possédait :

1° Une ferme située à St-Martin-d'Ardinghem, sur un manoir amazé de six mesures, un enclos à labour de même grandeur, une pâture de quatre mesures, une grange, une demi-mesure de prés et soixante-quatorze mesures de terre labourable, le tout *affermé pour 500 livres, par bail passé devant notaires à Fauquemberghes, 15 octobre 1744.*

2° Une dime à Vaudringhem valant 160 livres; une autre à Avroult de 83 livres, enfin une troisième et quatrième dime sur Thiembronne et Wavrans, donnant ensemble, la ferme comprise, *la somme de huit cent cinq livres.*

La maladrerie de Torchy avait six mesures de bois et cinquante mesures de terre, le tout loué 110 livres.

Celle de Coupelle, par acte passé devant notaire le 6 décembre 1742, louait cinquante-trois mesures vingt-deux verges de terre, pour la somme de 171 livres; ayant en outre une portion de dime à Coupelle-Neuve de la valeur de six livres. Enfin, elle possédait onze mesures vingt et une verges, tant à Merck-Saint-Liévin qu'à Saint-Martin-d'Ardinghem, louées cent six livres six sous trois deniers, en tout 283 livres 16 sous 3 deniers.

Enfin la maladrerie d'Auchi-les-Moines, pour les malades qu'elle envoyait à l'hospice de Fauquembergues, donnait quarante-six livres, revenu annuel de douze mesures de terre.

Toutes ces ressources étaient bien loin de subvenir aux frais de cet établissement.

En effet il devait payer chaque année 1° dix boisseaux de blé, deux chapons, un quart de rente seigneuriale et six livres de cire, au comte prince de Ligne; 2° trois cent vingt livres à la religieuse; quarante au médecin; seize rasières d'avoine au chapitre de Saint-Omer, pour la dime d'Avroult; aux curé et vicaire de de Wavrans deux livres dix sous; et la même somme comme *supplément de portion congrue*, au curé de Thiembronne, ainsi qu'à son vicaire.

Les réparations du chœur de l'église de cette paroisse et de celui de Vaudringhem, devaient encore être faites aux frais de l'hospice, lui fournissant en outre vases sacrés, livres et ornements.

Or, ces charges réunies aux dépenses que nécessitait l'entretien de la ferme de St-Martin-d'Ardinghem, et les secours qu'on devait aux quatre maladreries réunies, absorbaient infiniment plus que les revenus dudit hôpital.

Malgré ce, par une extension de charité, M. le doyen voulait que cette maison de St-Ladre, servît d'école aux demoiselles de Fauquembergues et aux étrangères, ainsi qu'aux malades non compris dans les quatre maladreries, vu sans doute le petit nombre que devait fournir cet endroit habité seulement par soixante-dix familles, en l'année 1742.

Pour mettre fin à ces prétentions, M. de Beaurepaire, gouverneur de Fauquembergues, se procura des titres que les habitans ignoraient ; titres cachés à l'hôtel du prince de Ligne à Bruxelles, depuis 1625 jusqu'en 1697.

Fort de ces pièces, et autorisé par le comte de Fauquembergues, dès le mois d'août 1742, M. de Beaurepaire fit garnir *six bons lits*, et procura le nécessaire aux malades seuls de Fauquembergues, Torcy (1), Coupelle et Auchi-les-Moines.

---

(1) Torcy, village du canton de Fruges, sur un affluent de la Canche. cette terre qui donna son nom à une famille distinguée, dépendait du comté de St-Pol, en 1150.

Coupelle-Neuve, dans le même canton, dépendait en 1200, du châ-

A compter de ce jour, d'accord avec les mayeur, échevins et Guillaume Bonnière, receveur de l'hospice, M. de Beaurepaire interdit cet établissement, comme devant servir de maison d'éducation.

Sommé par acte signifié le 29 mai 1743, au nom desdits grand bailli et échevins, le sieur Dournel, clerc de la paroisse, fut obligé de tenir l'école aux filles et aux garçons, afin que leurs parents n'aient point à encourir les peines voulues par le *placard* de Philippe II, roi d'Espagne, en l'an 1587.

Homme loyal et d'ordre, M. de Beaurepaire avait aussi travaillé deux ans auparavant pour défendre les intérêts de l'église.

En effet, le 11 juin 1741, à l'issue des vêpres, la cloche échevinale avait convoqué le peuple dans la chambre *plaidoyable*, au nom du prince de Ligne, comte de Fauquembergues.

M. de Beaurepaire, grand bailli, gouverneur de cette ville, procéda avec eux :

1° A faire rentrer à l'église une somme de mille livres dont s'étaient emparée les héritiers de M. Sacleux, chanoine de la collégiale de Fauquembergues, et receveur temporel de l'église, le 11 février 1715.

2° A l'épuration du compte du receveur de la terre de Merck-St-Liévin.

3° Enfin, à forcer par voie de justice, les doyen et chanoines de la cathédrale d'Ipres, *gros décimateurs* de Fauquembergues, à réparer le chœur de l'église.

tclain de St-Omer, comte de Fauquembergues, et ressortissait du baillage de St-Omer.

Auchi-les-Moines, canton du Parcq, sur la Ternoise, compris dans la donation d'Adroald à St-Omer, en 654.

Cet édifice avait été tellement négligé pendant 40 ans, que dès l'an 1724, il pleuvait partout, en sorte que l'église *menaçoit ruine prochaine*, et qu'on *pouvoit à peine y trouver une place* pour se mettre à l'abri.

M. de Beaurepaire donnant ses soins à tout, fit encore faire le recolement des titres et papiers appartenant à l'église.

D'après l'inventaire de 1738, elle possédait :

1° Le testament d'Anne-Marie Moronval, veuve de Gile Bonnière, 20 octobre 1714, qui lui assurait un obit affecté sur trois quartiers de terre *à la vallée du château.*

2° Une copie du testament de Jean-le-Martin, 16 mars 1635, prescrivant six messes, pour le repos de son âme, à payer sur sa maison rue des Brebis et sur une prairie de St-Martin-d'Ardinghem.

3° Une copie du codicille de M. Robitaille, curé-doyen de Fauquembergues, 20 août 1691, érigeant M. le chanoine d'Héricourt, exécuteur testamentaire, et fondant trois obits, au prix de trois florins, à prendre sur son jardin au chemin d'Arras.

4° Un écrit des dernières volontés d'Anne Obin, veuve de Jean Wallois, 19 août 1678, qui ordonnait après elle un obit avec *diacre* et *sous-diacre*, dont l'honoraire avait été affecté sur deux mesures de terre à la *vallée du Coroy.*

5° La copie d'un acte d'Antoine Moronval, 15 août 1676, par lequel un obit avec *diacre* et *sous-diacre* lui était assuré tous les ans, moyennant 47 sous 9 deniers.

6° Un autre acte de Vincent Bombe, 30 octobre 1665, lui donnant six quartiers de terre, situés dans la *vallée du château,* pour la fondation de deux obits.

7° Une copie du testament de Jean Le Noir, 14 février 1641, léguant à l'église, pour un obit, trois mesures de terre situées à *la Vigne*.

8° Un écrit par lequel le sieur Cornil-Hubert Polimène assurait à la chapelle Notre-Dame quatorze mesures de terre pour un certain nombre d'obits et de messes, en 1676.

9° Une grosse de l'acquisition de deux mesures de terre sises à la *vallée du château*, faite pour l'église, par M. Hanicot, doyen, chanoine de Fauquembergues, 30 mars 1665.

10° La copie de la donation du fief Fillière à l'église, par Jean Macaire et Jeanne Braure, son épouse, pour deux obits par an, 3 février 1629.

11° La copie d'une rente de 23 sous, assurée par Philippe Terret. 23 Février 1665.

Enfin différentes pièces de rentes, de procès, de plusieurs adjudications, mémoires et ordonnances du xv⁰, xvi⁰ et xvii⁰ siècles.

M. de Beaurepaire procéda en outre à l'examen du *terrier* ou *dénombrement* de la seigneurie de la terre de Warnecque (Merck-St-Liévin), comme devant *foy et hommage* au prince de Ligne, comte de Fauquembergues.

C'est le 15 janvier 1748, en présence du sieur *Cau, procureur fiscal du comté*, et devant les hommes de *fiefs* (1), qu'à la *coujure* du grand bailli Beaurepaire, messire Ferdinand-Gaston-Joseph-Alexandre duc de Croy, comte de Rœux, pair du Hainaut, prince du Saint-Empire, grand d'Espagne, héréditaire de la pre-

---

(1) Haniclet, Millenne et Habart.

mière classe, marquis de Warnecque (Merck-Saint-Liévin), etc., disait par M⁰ Fayolle son procureur spécial, délégué : « Je tiens, et advoue tenir du dit seigneur Claude Lamoral prince de Ligne, ma terre et prairie de la motte Warneque en un seul fief, à cause de son château et comté de Fauquembergues. »

En 1743 le 30 août, M. de Gargan de Beaurepaire, obtint l'établissement d'un marché franc, tous les derniers jeudis de chaque mois, en vertu de lettres-patentes de Louis XV, exécutées dans le courant d'avril 1742 (1).

Dans ces lettres signées de la main du roi, à Fontainebleau, on remarque la cause principale qui détermina S. M. à accorder ce franc marché. C'est, disait-elle, « que la dite paroisse de Fauquembergues, n'avoit » d'autre revenu annuel qu'une somme de soixante-» neuf livres dix sous, ce qui ne suffisait nullement » pour acquitter ses charges, de sorte qu'elle était ac-» cablée de dettes, et que ses habitants réduits à la » dernière misère, ne pouvoient subsister, ni payer les » impositions ordinaires, etc. »

Les guerres de ce temps, était-il dit dans la supplique (c'est à dire depuis le 12 octobre 1445 jusque-là), avaient réduit les *gens de loix, manans, habitans de Fauquembergues* à une telle pénurie qu'ils n'avaient pu encore rembourser 750 livres empruntées depuis les susdites guerres.

En 1743, M⁰ Benoit, natif de Fauquembergues, et doyen de Tournehem, assista à la rédaction des coutumes particulières de cette ville, en vertu d'une or-

----

(1) M. Gobron, doyen de Fauquembergues, travailla beaucoup aussi à l'obtention de ce franc-marché.

donnance royale du 26 septembre de la même année, enregistré au conseil provincial d'Artois, le 7 mai 1744.

Alors Fauquembergues était du baillage de St-Omer, ayant droit d'appel au conseil d'Artois, relevant du parlement de Paris, de la recette d'Aire et de l'intendance de Paris.

De 1764 à 1789, ce bourg ne compta plus que 47 feux, 233 habitants. Il conserva tous ses priviléges et coutumes jusqu'à l'adoption du code civil, en 1804.

M. Gobron, doyen de Fauquembergues, après avoir administré cette paroisse l'espace de cinquante ans, eut pour successeur Mᵉ Louis-Marie Hubin.

Ce digne ecclésiastique, à un noble extérieur, réunissait toutes les belles qualités du cœur et de l'esprit.

Vicaire distingué de la ville de Calais, en 1764, il eut l'honneur d'adresser le compliment d'usage à Louis XV, roi de France, pendant un séjour que ce monarque fit dans cette ville.

Le roi en fut tellement enchanté, qu'il nomma de suite M. Hubin à la cure et doyenné de Fauquembergues, devenus vacants par la mort de M. Gobron.

Cette collégiale fondée au xiiᵉ siècle par Guillaume, châtelain de St-Omer et comte de Fauquembergues, n'avait pu conserver à travers toutes les misères du moyen-âge, les ressources plus qu'abondantes que lui avait assurées son digne fondateur.

Une humble requête fut donc présentée, le 12 septembre 1748, à Mgr de Partz de Pressy, évêque de Boulogne, dans une de ses visites épiscopales à Fauquembergues, par M. le doyen, les grand bailli, mayeurs, échevins et marguillers de la paroisse.

Des obits annuels fondés dès le xve et xvie siècles, et dont les honoraires n'étaient que de 4 à 5 sous parisis, quoiqu'au nombre de 77, réclamaient une réduction devenue nécessaire.

Mgr. fit donc une ordonnance pour réduire les soixante *petits obits*, au nombre de 30 messes basses, dont l'honoraire fut fixé à dix sous.

En 1785, d'après un compte rendu par Jean-Louis Gosse, inspecteur des chemins royaux de la province d'Artois, et échevin de la ville et comté de Fauquembergues, les revenus de l'église se composaient de fiefs, fillières, rentes, loyer de terre, de chaises de relief et de quelques droits seigneuriaux, sur la terre de Merck-St-Liévin.

C'est aussi dans une de ses visites épiscopales dans cette paroisse, que Mgr de Partz de Pressy fit à Fauquembergues une cérémonie bien belle et bien touchante.

Seigneur de St-Martin-d'Ardinghem, comme évêque de Boulogne, il y avait fondé un prix de sagesse, ou une dot en faveur de la demoiselle la plus vertueuse.

Six paroisses de son évêché, Alquine, Brunembert, Fruges, Humières, Lisbourg et St-Martin-d'Ardinghem, annexe de Fauquembergues, jouissaient de ce beau privilège.

C'est aux applaudissements de toute la paroisse que Marie-Josèphe Duflos, reconnue par les habitants pour être la plus sage, comme la plus exemplaire, fut couronnée d'un chapeau de rose le 8 juin et reçut la somme de trois cents livres, avec un livre de prières garni d'une agraffe d'argent (1).

Précieuse institution qui servait à faire fleurir et à conserver l'innocence des mœurs dans les familles, en relevant la modestie d'une vestale chrétienne, que le suffrage des paroissiens mettait bien au-dessus de toutes nos Cléopâtres modernes.

A cette époque, selon Harbaville, l'église de Fauquembergues possédait une portion de la *chandelle d'Arras*, que Lambert, évêque de ce diocèse, avait reçue miraculeusement en 1215, à l'occasion d'une épidémie cruelle, dite vulgairement *mal des ardents*.

Comme son prédécesseur, le vénérable M. Hubin, administra la paroisse de Fauquembergues pendant un demi-siècle, et eut avec lui, pour derniers chanoines de la collégiale, MM. Cancan, Playant et Wiscar.

D'après le compte de cette église, rendu par Joseph Emmanuel Désanglois en 1785, ses revenus provenant de dixmes et de fermages, s'élevaient à 2,988 livres 11 sous 4 deniers.

MM. les chanoines recevaient de cette somme, tous les ans, chacun 520 livres, l'excédant était employé aux frais du culte, et à l'entretien du chœur de l'église de Verchocq, dont ils étaient décimateurs.

Le *terrier* du chapitre de Fauquembergues relatait que les abbé et religieux de Ruisseauville, lui payaient pour leurs dimes de Campagne, 5 sous parisis; les re-

---

(1) Ce chapeau de rose était orné d'un large ruban bleu à bouts flottants sur le derrière, noué pardevant à un anneau d'argent.

Le ciel réservait plus tard à cette jeune fille une couronne bien plus belle, dans la personne de son fils, M. Langlet, curé doyen du canton de Lumbres, chanoine honoraire de la cathédrale d'Arras, né à Merck-St-Liévin.

ligieuses ursulines de St-Omer, 11 sous parisis pour leur terre *au blanc jardin*; l'hôpital général de cette ville, pour un autre jardin au *hamel*, dix sous; les religieuses de l'hospice de Saint-Jean, 8 sous parisis; enfin le prince de Ligne, Charles-Joseph, fils de Claude, et dernier comte de Fauquembergues, pour une partie de la prébende, 5 livres 5 sous, et 34 florins pour la fondation de la confrérie du très saint Sacrement.

En 1782, Nicolas-Omer Leys, avocat au parlement, résidant à Dunkerque, était tenu de donner au seigneur prince de Ligne, 7 sous 6 deniers, et une paire d'*éperons dorés*, estimée 6 florins, pour son fief de la *Motte-Dieu*, à Fauquembergues.

En 1788, le bailliage de ce comté avait pour grand bailli M. Maireaux; pour *hommes de fief*, Deleforge, Hermant, Bonnière, Lourdel et Piedfort. Macau remplissait les fonctions de procureur; Cailleret, celles de greffier; Cousin et Gautier étaient sergents.

Tous les lundis à dix heures, le bailliage donnait une audience: celle des échevins avait lieu le vendredi à la même heure; l'une et l'autre étendaient leur juridiction sur la ville et la banlieue.

Le dernier échevinage était composé de MM. Gobert, Piedfort, Carpentier, Jean Lefebvre, Lourdel, procureur-syndic, Cailleret, secrétaire et greffier, Masson et Macau, procureurs.

Alors comme aujourd'hui des idées de réforme travaillaient les esprits, et ce vieil édifice social devait crouler bientôt par le souffle de la révolution.

C'en était fait, un crime venait de couvrir la France d'un crêpe funèbre; l'immortel, le vertueux Louis XVI, l'homme le plus juste de ses états, dont les talents et

les vertus devaient lui mériter un meilleur sort, venait
de payer de tout son sang la Révolution française.

Dès le 15 janvier 1790, l'Assemblée nationale dé-
créta la division territoriale du royaume en cantons et
en départements.

Fauquembergues appartint au Pas-de-Calais, devint
chef-lieu et l'une des 48 cures du diocèse, suffragant
de Paris et actuellement de Cambrai.

Sous le rapport religieux, ce nouvel ordre de choses
ne tint point longtemps.

Les prêtres proscrits, les autels renversés, firent
place aux prêtres constitutionnels et peu après au culte
de la raison, qui eut *pour grand pontife*, l'infâme Ro-
bespierre.

Ce dévergondage sanctionna le règne de la *terreur*.

L'horizon politique gros de nuages depuis 1789,
ne pouvait faire présager qu'orages et tempêtes à ceux
dont le prestige révolutionnaire n'avait point fasciné
les yeux.

Aussi, dès le 29 janvier, le sieur Désanglois, receveur du prince de Ligne, avait-il eu la précaution de
cacher les principaux titres et papiers de ce comté,
dans un champ à une lieue de Fauquembergues, où ils
restèrent ainsi l'espace de trois années.

Sur ces entrefaites, la belle croix de grès qu'on admirait au milieu du marché de Fauquembergues fit
place à l'arbre de la liberté ! *Quàntùm mutatus!...*

Quelle dérision ! c'est là, au pied de cet arbre, et au
nom de la liberté, que le comte de Fauquembergues,
dans la personne de son receveur, fut dépouillé de tous
ses titres, droits et priviléges ; c'est là, et au nom de
la liberté, en présence de la *plèbe* assemblée, au son

du tambour, que le sieur Désanglois, traîné par un détachement de volontaires, fut obligé de livrer aux flammes les quelques pièces qu'il avait encore conservées, et ce, au cri de vive la liberté!

Afin que rien n'échappât à nos scrupuleux réformateurs, au *nom du citoyen maire*, un acte de cet auto-da-fé fut tenu à la municipalité de Fauquembergues, le 22 août 1793.

Le voici textuellement :

Un rapport en parchemin servi par les auteurs du prince de Ligne, en 1433 ;

Deux rapports en parchemin de la ci-devant seigneurie de Coupelle ;

Six rapports de la ci-devant seigneurie de Rinboval, tant en papier qu'en parchemin ;

Trois rapports en parchemin de la ci-devant seigneurie de Remilly ;

Trois rapports en parchemin des ci-devant fiefs de Moncrouy et Coulomby ;

Deux rapports en parchemin de la ci-devant seigneurie de Quehem ;

Une liasse des rapports en parchemin de la seigneurie Delfeld ;

Quatre rapports, deux en papier et deux en parchemin de la ci-devant seigneurie de Ponche ;

Deux rapports en parchemin de la ci-devant seigneurie de Rihotte ;

Un rapport en papier, et un en parchemin, de Fasque ;

Une farde de rapports tant en papier qu'en parchemin de la seigneurie de Bayenghem ;

Un rapport en parchemin de la ci-devant seigneurie de Warnecque (Merck-St-Liévin);

Une petite farde contenant plusieurs rapports en parchemin, et deux saisies seigneuriales des seigneuries de Coyecques et de Vaudringhem ;

Un autre rapport d'un fief à Coulomby;

Autres rapports en parchemin de la seigneurie de la Malpièce;

Autres rapports en parchemin du fief de Quehem;

Autres rapports en parchemin des terres d'Ennes et de Glinnes;

Autres rapports en parchemin de la seigneurie de la Motte-en-Lumbres;

Autres rapports de la Motte-Dieu (Fauquembergues);

Autres en parchemin d'un fief à Mincat ;

Autres tant en parchemin qu'en papier de la seigneurie d'Esclebecque ;

Autres titres concernant la seigneurie de Glen.

Autres rapports en parchemin de la seigneurie de Gournay ;

Cueilloir en papier, de Fauquembergues;

Rapports en parchemin des seigneuries de Nielles et de Cléty ;

Autres rapports des fiefs de Crevecœur;

Deux autres rapports en parchemin et un papier de la seigneurie d'Ecœuille ;

Autres en papier de ladite seigneurie;

Autres en papier de la seigneurie de Gournay ;

Deux autres en parchemin du fief Filière;

Trois autres en parchemin des Bullecamps;

Une liasse de rapports en parchemin des fiefs de Comte-en-Delette ;

Deux rapports en parchemin des fiefs d'Audincthun et Dembrœucq;

Autres en parchemin des fiefs de Cléty ;

Deux autres en parchemin du fief Rabodingue ;

Deux rapports en parchemin d'un fief simple à Coupelle ;

Trois autres en parchemin du fief de la Vasserie à Ledinghem ;

Quatre autres en parchemin et en papier des fiefs de la Motte à Ledinghem ;

Le compte Vergelot de 1582 ;

Sept cueilloirs de la terre de Fauquembergues, et un rapport informe de papier ;

Deux liasses ou cahiers contenant actes de foi et hommages ;

Un registre en papier contenant les fiefs indépendants de Fauquembergues ;

Un cueilloir en papier des rentes de Fauquembergues, et un rapport informe en papier, des trois fiefs à Piquendal (Merck-St-Liévin).

Un récépissé en deux cahiers d'un rapport servi *au ci-devant roi* en 1786 ;

Quatre petits rapports de différents fiefs simples ;

Enfin copie d'*un prétendu* terrier et cartulaire de la terre de Fauquembergues, du 6 février 1728 (1).

Suivaient les signatures.

---

(1) Toutes les seigneuries et fiefs relatés dans cet acte dépendaient autrefois du comté de Fauquembergues.

C'était peu pour ces vandales modernes ; au nom de l'égalité, la croix disparut bientôt de la flèche de l'église, et ce temple dépouillé de tous ses ornements fut métamorphosé en un club, où se tenaient les assemblées municipales.

L'aveuglement parvenu à son comble conduisit nos iconoclastes de 93 à cet excès de folie, de n'admettre même plus aucune religion.

Convertie en temple du dieu *Mars*, l'église reçut alors une chaudière pour la cristalisation des eaux salpétrées qu'on y apportait de toutes les communes du canton.

Ce sacrilége reçut bien vite sa récompense : le ciel irrité souffla sur ce temple pollué, un ouragan affreux, qui enleva la toiture et qui renversa le vaste dôme de cette église, ainsi que ses deux chapelles collatérales, 18 brumaire 1793.

Pendant ce temps, le couvent des religieux de Renty près de Fauquembergues, tombait sous le marteau révolutionnaire.

Un comité de surveillance envoyait en prison, et de là à l'échafaud tous ceux que leur nom, ou leur fortune, rendaient suspects de n'être point partisans du nouveau système qui régissait la France.

Les visites domiciliaires et les dénonciations étaient à l'ordre du jour

Plusieurs membres des familles les plus respectables de Fauquembergues durent comparaître à Saint-Omer, devant le représentant Joseph Lebon.

Le 17 août 1793, François Richard, commissaire du district de St-Omer, accompagné du juge-de-paix de Fauquembergues, se rendait à Merck-St-Liévin, par ordre du général Maraflée, lors de la levée des jeunes gens de 18 à 40 ans, pour la formation d'une armée de 300,000 hommes.

Commissaire nommé par le chef-lieu du canton, le sieur N... imposait aux communes de fournir du blé aux marchés de Fauquembergues et aux magasins militaires de St-Omer, conformément au contingent dressé par le district, 15 frumaire.

C'est de Fauquembergues, le 13 prairial, an II de la République, que le commissaire d'Acquin envoyait en cette qualité un réquisitoire à la commune de Merck-Saint-Liévin.

Les démocrates de cette localité, croyant *la patrie en danger*, demandèrent à Fauquembergues un renfort de vingt-trois hommes pour saisir un prêtre sans armes et sans défense, dont tout le crime avait été d'avoir célébré la sainte messe au *manilier*, le 7 floréal an III.

Ce règne terroriste finit heureusement le 27 juillet 1794, « le piédestal de la *raison* ayant été trop fragile pour supporter l'imposante déesse, il fallut bien revenir graduellement à l'ancien culte de nos pères. »

Ainsi, Dieu qui a su donner des bornes à la mer, avait permis à cette époque désastreuse le règne de l'impiété, pour la confondre avec plus d'éclat.

En effet, comme un astre bienfaisant, Napoléon parut, rétablit l'ordre, organisa l'administration, et ouvrant les temples, rendit à la France la religion de nos pères.

Alors le prince de Ligne, pour rentrer en possession de son comté de Fauquembergues, par un acte signé à Vienne, le 18 octobre 1804, fit déclarer par la République, son fils Louis de Ligne, citoyen français, et dès le 7 février 1805, le séquestre de tous ses biens fut levé par ordre du gouvernement.

Cette antique seigneurie changeant de maître en 1806, acquit une nouvelle gloire pour Fauquembergues, dans la personne de M. le marquis de Dion, seigneur de Wandonne, issu d'une famille aussi ancienne qu'illustre (1).

(1) Le prince Louis de Ligne vendit sa terre de Fauquembergues, y compris la forêt, les moulins, prairies, etc., à M. le marquis de Dion, dans le courant de 1806.

Cette noble famille, alliée aux maisons les plus illustres de la Flandre et des Pays-Bas, comme de Lalaing, de Créqui, d'Egmont, de Croy, de Robecq et de Montmorency, descend d'origine des comtes de Louvain, ducs de Basse-Lorraine, seigneurs de Dion, et offre à l'histoire plus d'une illustration militaire.

En 1106, elle avait pour chef Godefroy de Dion deuxième comte de Louvain, marquis d'Anvers, duc héréditaire du Brabant. Son fils Godefroy III, dit le *Courageux*, duc de Brabant, lui succéda en 1143.

Henri de Dion, premier duc de Brabant, à cause de ses hauts faits d'armes, était surnommé le *Guerroyeur*.

En 1218, Jean de Dion, gouverneur de Cambrai, se trouvait à Damiette, *in castris juxtà Damietam*, lors de la quatrième croisade.

En 1539, Wandonne et Coupelle-Vieille avaient pour seigneur, *noble, puissant et redouté monseigneur de Dion, chevalier, lieutenant de cinquante hommes d'armes*.

En 1572, *Heer* de Dion, gouverneur de Louvain, et après lui Jean, l'un de ses fils, hérita la terre de Wandonne.

En 1677, M. le comte de Montbrun, lieutenant-général pour sa majesté, en Artois, et gouverneur d'Arras, reçut de M. de Wandonne le serment de fidélité au roi.

Dans le même siècle, Louis-Philippe de Dion servit avec distinction en qualité de colonel, dans toutes les campagnes d'Italie, fut blessé à la bataille de Plaisance, et fit partie de l'expédition d'Alger sous Louis XIV.

En 1740, Louis-François de Dion, l'un des enfants de Tranquillain-Isidore de Dion, s'établit dans les îles de Saint-Domingue.

Louis-François-Jérôme de Dion, baron chevalier de Saint-Louis, colonel d'infanterie, brigadier des armées, fit toutes les campagnes de Bohême et de la Flandre, et fut nommé lieutenant du roi, puis commandant de la Guadeloupe, en 1771.

Quatre de ses frères professaient également le noble métier des armes ; deux dans le régiment de la marine ; Louis-François de Dion,

En ce temps, les églises rendues au culte, les administrateurs de Fauquembergues songèrent à réédifier en partie la leur, en faisant disparaître les fourneaux au salpêtre qu'on y avait établis, près de l'autel de Saint-Nicolas, au pied d'un escalier d'une ancienne tour, et dont la campanille jadis avait été orné de trois cloches.

Le beau dôme de ce temple, et son ancien chœur, furent remplacés par celui que nous voyons aujourd'hui, à l'aide d'un impôt spécial et d'une souscription de 2,400 francs.

En vertu d'une loi du 28 janvier 1801, Fauquembergues fut reconnu pour l'un des sept cantons de l'arrondissement de St-Omer, n'ayant alors que 160 maisons et 854 âmes.

Dès le 16 germinal de l'an XI de la république, M. Hermant fut nommé maire de la commune et président de ce canton.

C'est en cette qualité qu'il assista à la cérémonie du sacre de l'Empereur, en vertu d'une commission

dans celui de la Mark, commandant au Cap-Français ; et le quatrième, Louis-Joseph marquis de Dion, qu'une balle couvrit de gloire au siége fameux de Gibraltar, servait comme lieutenant-colonel d'infanterie, et premier aide-major aux gardes Wallonnes.

Décédé sans postérité, son frère Louis-Constant-Joseph de Dion, lui succéda à la seigneurie de Wandonne.

L'un de ses enfants, après lui, hérita de cette terre, M. Henri marquis de Dion, ancien garde-du-corps sorti, en 1816, lieutenant du 24e chasseurs.

Louis-Joseph baron de Dion, fut, en 1814, gendarme de la garde du roi, et quitta le service en 1816, comme lieutenant au 2e hussards.

Les armes de la famille de Dion sont d'argent, à l'aigle éployée de sable, becquée et membrée de gueules, ayant sur l'estomac un écusson de sable, chargé d'un lion d'or et bordé d'une engreslure du même : couronne ducale ; tenants, deux sauvages armés de massues ; légende : *Dieu en aide*.

signée de Napoléon, lorsque tous les départements de France y envoyèrent leurs représentants, le 11 frimaire an XIII.

En cette année, 1804, le brave, le fidèle compagnon d'armes de Napoléon-le-Grand, le général Bertrand, a tenu, m'a-t-on dit, son quartier-général à Fauquembergues.

Le 23 novembre 1805, la détresse était des plus grandes dans cette localité comme dans tout le canton ; les rivières étaient taries au point que les moulins à eau ne pouvaient plus tourner ; un temps calme durant un mois vint encore ajouter à cette calamité, les moulins à vent ne pouvant plus agir faute d'aliment.

Pendant sa gestion, M. Constantin Hermant fit bien des embellissements à son endroit natal ; les terrains communaux furent plantés, des ponts jetés sur différents points de l'Aa guéables alors, et des chemins ouverts rendirent les marchés de Fauquembergues infiniment plus fréquentés.

Depuis 1810 jusques à 1813, ces diverses dépenses y compris quelques réparations à l'église, coûtèrent à la commune 4,913 francs.

M. Defasque, ancien curé d'Herbelle, avant la tourmente révolutionnaire, fut nommé à la cure de Fauquembergues, après le Concordat, par monseigneur de La Tour-d'Auvergne, évêque d'Arras, en remplacement du vénérable M. Hubin, démissionnaire.

MM. Biallet, de Coyecques, et Desgroseiller, de St-Obin, s'étaient succédés comme juges de paix du canton, lorsque M. Hermant, remplissant déjà les fonctions de maire, reçut cet emploi honorable.

Un successeur bien digne lui fut donné dans la personne de M⁰ Top, notaire impérial à la résidence de Fauquembergues (1).

Son administration toute paternelle lui gagna les cœurs; aussi malgré les occupations de sa noble charge, était-il parvenu à faire des économies.

C'en était trop, administrateur intègre, il sentit que comme notaire il devait se retirer de la magistrature ; il se démit en effet plusieurs fois ; mais toujours pressé, sollicité, il accepta de nouveau, sacrifiant ainsi l'égoïsme au bien général.

A cette époque, des détachements de troupes anglaises du 4⁰, 59⁰ et 79⁰, vinrent cantonner à Fauquembergues et dans les environs, conformément à l'article V du traité d'occupation, conclu entre la France et les alliés, 20 novembre 1815.

C'est pendant son séjour à Fauquembergues que M. Anna, aujourd'hui capitaine en retraite dans le voisinage de Calais, épousa une demoiselle Désanglois.

Les officiers, la plupart jeunes gens riches, par leur luxe et leurs dépenses, firent régner l'aisance dans cette localité, centre des réunions de tout le canton.

C'est dans le courant du mois d'octobre que les Anglais quittèrent ce pays, selon le traité d'évacuation, conclu dans le même temps.

Quelques années plus tard, 1827, lors de la visite au camp de St-Omer par Charles X, des soldats de toute arme, des illustrations civiles et militaires, visitèrent Fauquembergues.

M. Top donnant alors sa démission de maire, fut

(1) Son père était aussi notaire royal à Aire, receveur et contrôleur des domaines, amortissements et francs fiefs, en 1782.

remplacé par MM. Herbier, Bonnière et François-
Marie Lourdel.

L'impitoyable mort venait de moissonner dans cette
commune ce qu'elle avait de plus cher, M. Hermant,
Constantin, juge-de-paix du canton, homme d'une
loyauté antique, doux et conciliant : sa mort arriva en
l'année 1829.

M. Braure du Cauroy (Renty), fut choisi pour le
remplacer immédiatement, et fit sa résidence à Fauquembergues. A cette époque, ce bourg comptait 928
habitants.

Cette année devait voir mourir encore le respectable
M. Defasque, curé-doyen de cette paroisse et chanoine
honoraire de la cathédrale d'Arras.

Pasteur instruit, d'un zèle peu ordinaire, et recommandable par de hautes vertus, il termina sa longue
carrière à l'âge de 83 ans.

Là git un vénérable prêtre ; vainement chercherait-
on dans le cimetière son modeste tombeau : cet homme
de Dieu qui sacrifia sa vie à instruire et à faire le bien,
ce prêtre qui a emporté les justes regrets de tous, est
oublié!...

La reconnaissance serait-elle bannie aujourd'hui des
cœurs de ceux dont il a été et l'ami et le père? Une simple
croix, ce symbole d'un Dieu d'amour, ne se remarque
même point sur sa tombe ! Cette motte nue ne nous
semble-t-elle pas adresser ce reproche d'Isaï : « Le juste
est mort, et il n'y a personne qui y prenne garde! »

Non, Fauquembergues reconnaissant s'empressera,
sans doute, par une souscription volontaire, de rendre
honneur à la mémoire du digne M. Defasque, en lui
érigeant ou un modeste marbre ou le signe de notre
Rédempteur.

La vie de cet excellent ecclésiastique est tout entière dans ces deux vers qu'on pourrait faire graver sur la pierre tumulaire :

Infirmis baculus, cœcis oculus, via claudis ;
Hic Defasque erat, Deus illi præmia reddat.

Son successeur fut M. Bayard, natif de Bléquin, ancien vicaire de Guînes, et tout récemment (1844), honoré du titre de doyen et élevé à la dignité de chanoine honoraire de la cathédrale d'Arras, par son Eminence le cardinal de La Tour-d'Auvergne.

M. Scribot venait aussi de payer son tribut à la nature. On peut dire de ce jeune prêtre, qu'il a fait le bien en passant : *per transiit beneficiendo.*

Appelé à le remplacer, je reçus des pouvoirs comme vicaire de Fauquembergues, en septembre 1833, Cette commune comptait alors 1012 individus et avait en permanence une brigade d'employés pour les contributions indirectes.

Trois années auparavant, M. Joseph Caron avait été nommé premier magistrat de cette localité. Digne émule de ses prédécesseurs, il employa avec discernement les fonds de la commune à des travaux aussi utiles que nécessaires. Par ses soins, plus de 300 pieds d'arbres furent plantés sur les biens communaux, les chemins ouverts, la ferme de l'hospice et les écoles réparées.

Il fit renfermer, en 1833, le jardin du presbytère, par un mur de 50 mètres de longueur, donnant sur deux rues et parfaitement confectionné en silex, surmonté d'un chaperon en briques.

Ces travaux, et quelques embellissements dans l'intérieur de la maison curiale, coûtèrent 1,390 francs.

En 1831, Charles-Bernard, fossoyeur de la paroisse, devait bâtir une maison : la terrible nécessité lui suggéra, pour avoir des pierres, de fouiller dans l'emplacement de l'ancien chœur. C'est dans les fondations du dernier angle, et à un mètre 66 centimètres de profondeur, qu'il trouva deux cénotaphes, en craie blanche, dont l'un avait issue dans l'intérieur de l'église, et l'autre au dehors ; ils étaient séparés par une maçonnerie très mince, tandis qu'une voûte recouvrait toute l'épaisseur des murs. Ces tombeaux pouvaient avoir six pieds de large, étant fermés sur toute leur longueur par cinq belles pierres debout enchassées à double bâtis.

On y trouva deux squelettes assez bien conservés, sans date et sans inscription. Etaient-ce ceux des fondateurs de l'église ou de quelques nobles comtes de Fauquembergues ?

Le squelette du côté du chœur avait près de deux mètres de taille, et la grosseur des os démontrait un homme de la première force ; à gauche de la tête, on trouva une tresse de cheveux tirant sur le roux et parfaitement conservés. La petite stature de l'autre corps annonçait être celui d'une femme.

Ces tombeaux, peut-être romains, auraient fait un objet de curiosité très rare pour cet endroit ; ils auraient sans doute donné lieu à bien des conjectures et à bien des recherches, s'ils n'eussent été anéantis par une incurie impardonnable, alors qu'on n'appréciait point, comme aujourd'hui, ces monuments si précieux de l'antiquité.

Le maire de la commune resta possesseur de la tresse de cheveux jusqu'en 1839, époque où il la fit remettre au musée de St-Omer. Par un manque de délicatesse, le chargé de commission la donna en son nom, de sorte que le véritable donateur est resté inconnu.

Ne pourrait-on pas inscrire au-dessus de ces cheveux : Donné par M. Caron, *maire*, au nom de la commune de Fauquembergues, rendant ainsi à César ce qui appartient à César?

Occupés à travailler à l'hospice en 1833, des ouvriers maçons commandés par M. le maire, découvrirent plusieurs routes souterraines, qui avaient trois mètres de largeur. Un escalier les conduisit dans de vastes souterrains dont les uns se dirigeaient en ligne directe vers la prairie, les autres du côté du *bout de la ville*, et un troisième vers le château de Fauquembergues.

Il paraît que les caves de MM. Bonnière, Bray et Gottiniaux ont été faites en partie de ces vastes réduits, dont la plupart correspondent aux manoirs voisins pour aboutir à la forteresse des anciens comtes de cette ville.

Ces retraites profondes, comme je l'ai dit, avaient été pratiquées pour servir de refuge aux habitants, lors de l'irruption des Vandales et pour se garantir des fréquentes invasions des Normands, dans les viiie et ixe siècles.

M. Bouthors, dans son ouvrage sur les cryptes de Picardie, observe que leur entrée ordinaire était dans les églises dont la tour servait de guet. Ces souterrains étaient pour la plupart en forme de croix de St-André, et avaient des issues sur les caves des particuliers.

En effet, on ne peut creuser dans nombre d'habitations à Fauquembergues, à moins qu'on n'y rencontre des voûtes, des escaliers, des caves et des conduits en briques, ou en pierres blanches solidement liées. Le long de l'Aa, M. l'abbé Gobert, dans son jardin, a trouvé des murailles de très grande épaisseur; le sieur Ducrocq, menuisier, perçant un puits, est tombé sur une espèce de dôme en pierre, donnant issue à divers souterrains.

Selon Piers, plusieurs de ces caves auraient servi d'entrepôt.

M. le marquis de Dion, propriétaire du vieux manoir féodal des seigneurs de Fauquembergues, y fit pratiquer des fouilles qui amenèrent la découverte d'un ancien puits trouvé à 33 mètres de profondeur.

A une certaine hauteur, on y a remarqué des ouvertures taillées dans la pierre blanche, conduisant dans d'immenses cavités. A mon avis, ces voies secrètes devaient servir ou à entretenir cette antique citadelle de valeureux guerriers pour la défendre, ou en cas de revers à protéger le courage malheureux.

Des ossements humains, des débris d'armes, des éperons anciens et plusieurs pièces de monnaie dont une de l'an 1530, auraient encore été trouvés dans les ruines de ce donjon féodal; on en a extrait un grand nombre de pierres et d'énormes grès bruts à une seule face unie.

En 1808, de nouvelles fouilles firent trouver un fort bâti en pierres de tailles, ayant une grosse tour ronde à chaque angle; ce fort de genre très ancien était dans l'intérieur de la place, et semblait être le dernier refuge.

« On regrette, dit l'*Annuaire du Pas-de-Calais* de 1814, que le propriétaire ait fait alors démolir cette pièce, qui était un des plus beaux morceaux d'antiquité de ce pays. »

Quelques années auparavant, en 1800, un enfoncement eut lieu tout-à-coup vis-à-vis de l'hôtel de la Chasse, auberge tenue par M. Louis Gottiniaux; cinq ou six porcs qui passaient là par hasard, disparurent subitement et ne purent être retirés que le lendemain matin de ces cavités improvisées.

On y fit descendre des hommes de peine, qui retrouvèrent les inoffensifs quadrupèdes à six mètres de profondeur, errant çà et là dans d'immenses souterrains, fort contents d'eux-mêmes, sans doute, d'en avoir été quittes à si bon marché.

Plus tard, M. Senlecq, dans sa distillerie sur les bords de l'Aa, découvrit à la profondeur de deux mètres, une pièce carrée entièrement pavée en mosaique.

Sans se perdre dans les anciennes *muches* de Fauquembergues, l'antiquaire et l'archéologue peuvent encore étudier avec intérêt un monument du xie ou du xiie siècle que possède cette commune, je veux parler de l'église, actuellement placée sous l'invocation de saint Léger, évêque d'Autun.

« Cet édifice est construit sur la plus grande hauteur, a dit M. de Bertrand, dans ses Voyages historiques, vous êtes obligé pour y entrer de monter une infinité de degrés. » (1)

En effet, le perron compte treize marches y compris le parvis, une galerie moderne surajoutée se remarque au-dessus de la porte, dominée elle-même par le cadran de l'horloge; deux tours parallèles et assez imposantes flanquaient autrefois l'entrée de ce temple. Celle qui existe aujourd'hui a 42 mètres de hauteur. Sa flèche ne manque ni d'élégance ni de hardiesse.

En vertu d'une décision municipale provoquée par M. Louis Gottiniaux, maire, ce clocher assez défectueux du reste, vient d'être parfaitement restauré (1844).

---

(1) Journal la *Dunkerquoise* du 27 mars 1859.

En 1834 la moitié de la nef gauche que la ruine d'un pilier avait fait murailler depuis plus de deux siècles, et qui depuis avait servi successivement de prison, d'école et de remise, fut rendue à sa première destination, par les soins de M. Joseph Caron, maire de la commune.

Alors seulement, l'église eut ses fonds baptismaux.

C'est à l'aide d'une mesure de terre, léguée par son oncle, M. Hermant, le juge-de-paix, que cet ouvrage si utile fut exécuté pour la somme de 1,258 francs, produit de la vente de cet immeuble.

Sur ces entrefaites, l'église fut dotée d'un orgue par une souscription volontaire que j'ouvris dans la paroisse, et à laquelle chacun s'empressa de répondre de la meilleure grâce du monde (1).

Les boiseries du chœur ornées de petites colonnes surmontées de chapiteaux d'ordre corinthien, sont assez belles et bien confectionnées.

Dans le sanctuaire on remarque parmi les dalles, un cénotaphe en marbre bleu décélant une haute antiquité. Un prêtre revêtu de ses habits sacerdotaux y est artistement gravé, ainsi qu'une légende en lettres gothiques et des hyéroglyphes aux angles : cette pierre n'a pu échapper au marteau des vandales de 93.

Une balustrade sculptée avec élégance sépare le chœur d'avec la grande nef; elle provient des récollets de Renty, ainsi que le tabernacle de l'autel de la sainte Vierge.

---

(1) Cette distinction était due à l'église de Fauquembergues, comme chef-lieu de canton, quoique je ne sache point que jusque là des orgues aient été placées dans ce temple, même dans les plus beaux jours de sa gloire.

On admire dans cette chapelle une jolie petite vierge en albâtre due sans doute au ciseau de quelqu'Appel. De mon temps, on y voyait aussi un crâne humain parfaitement conservé, avec cette inscription : *Ingleyb sacerdos angli : pro fide catholicâ passus.*

Le Christ des fonds baptismaux, grandeur naturelle, ne manque point de mérite, ainsi que plusieurs autres statues, principalement celle de l'autel de St-Nicolas.

Le bénitier des fonds est en grès, sa forme comme le style, paraissent remonter à une haute antiquité : serait-ce quelque dolmen druidique?

Les chapiteaux des colonnes qui supportaient autrefois la belle voûte en pierre de la nef du milieu, sont ornés de sculptures diversement variées, dont une représente un faucon aux ailes éployées, avec un écusson sur la poitrine.

En 1836, pendant l'administration de M. Sanlecq, maire, on construisit le petit bâtiment dit *casteau*, entre le portail de l'église et l'hôtel de la chasse. Depuis longtemps il avait été question de le bâtir ; M. Pierre-Adrien Lourdel, receveur et lieutenant du vicomté, en avait obtenu l'autorisation des échevins et des administrateurs dès le 29 octobre 1783.

M. Sanlecq a marqué son passage à la mairie par les routes communales ou chemins vicinaux, qu'il a fait confectionner ; entre autres ceux d'Arras et de Boulogne par Campagne-lès-Boulonnais.

Fauquembergues fut souvent visité par monseigneur de La Tour-d'Auvergne pendant son long épiscopat au siége d'Arras ; toutefois, revêtu de la pourpre romaine, cet illustre prélat n'eut jamais réception plus brillante que celle de 1839.

Le son de la cloche (1) et une salve de 12 coups de canon annonça l'arrivée du cardinal. Le clergé et une garde d'honneur à cheval l'attendait à l'entrée du bourg, près d'un arc de triomphe aux armes du pontife.

Comme partout, son Eminence fut reçue avec le plus grand enthousiasme. Les rues étaient couvertes de verdure, les façades des maisons artistement décorées, tendues de draps blancs tapissés de fleurs et de guirlandes.

L'entrée de monseigneur le cardinal dans l'église fut saluée par de nombreux coups de fusil.

Un trône dans le sanctuaire reçut le prélat; le temple était dans toute sa splendeur. Quoique assez grande et à trois nefs, l'église pouvait à peine contenir la foule, grossie par les enfants des communes voisines, que MM. les ecclésiastiques y avaient amenés pour recevoir le sacrement de la confirmation.

Ce ne fut point sans une bien vive émotion, que chargé d'office par M. le doyen de Fauquembergues, je prononçai un discours analogue à une si belle et si touchante cérémonie.

Son Eminence le cardinal partit de cette commune vers quatre heures de l'après-midi.

Le temps avait été superbe toute la journée, aussi Monseigneur daignant céder à la prière de M. le maire et des administrateurs, voulut-il bien traverser la paroisse de pieds, et par cet acte de bonté, répondre ainsi aux démonstrations de joie et de respect qu'il recevait partout sur son passage.

_____

(1) Cette cloche dont le parrain a été M. Constantin Hermant, juge-de-paix, et la marraine dame Françoise Devin, épouse de M. Pierre-Joseph Lourdel, fut fondue à Frévent, par Gorlier, en 1814.

À l'extrémité de Fauquembergues, une voiture attelée de quatre chevaux blancs attendait Monseigneur le cardinal près d'un second arc de triomphe : là, au milieu des *vivat* et des cris multipliés de *vive monseigneur de La Tour-d'Auvergne! vive le Cardinal!* la voiture enleva l'illustre prélat à l'amour et aux regrets de tous les habitants.

Le départ de son Eminence fut annoncé par une salve de douze coups de canon.

Par un rapprochement digne d'attention, ce canon, trouvé dans le vieux château de Renty, a dû servir aussi, il y a trois siècles, lors du siége de cette ville, où se trouvait avec l'empereur Charles-Quint, monseigneur de Grandville, cardinal et évêque d'Arras (1).

Quelques années plus tard, cette pièce d'artillerie se fit encore entendre, en mai 1843.

Placée sur la hauteur de l'antique château des comtes de Fauquembergues, elle salua d'une salve de plusieurs coups, l'honorable préfet du Pas-de-Calais, M. Demousseaux de Givré, venu dans cette commune pour le conseil de révision des jeunes conscrits.

Ce jour là eut lieu aussi à Fauquembergues le concours central pour les étalons du département.

L'année précédente, un enfant Brognart, de Wizernes, ayant approché de trop près ces animaux fougueux, faillit payer cher sa petite curiosité. Un coup de

(1) Trouvé dans les ruines de l'ancienne forteresse de Renty, ce canon appartient au sieur Martin Joseph, maréchal audit lieu. Il pèse 129 livres, a 16 pouces de long sur douze de profondeur. L'intérieur de l'embouchure a 4 pouces de circonférence et 24 à l'extérieur. Sa culasse a 18 pouces de tour. Quoiqu'en fer de fonte, il ressemble assez à ceux de nos jours ; il est d'une seule pièce et divisé par trois cercles en relief. La lumière se trouve placée entre les deux cercles du bas ; elle peut avoir dix lignes de circonférence.

pied lancé dans une ruade, l'étendit presque mort; une cicatrice profonde sur le visage lui rappellera long-temps la journée du 26 mai 1843.

M. Champagny, inspecteur du haras d'Abbeville, présida le concours de 1844, en présence de MM. les sous-préfets de St-Omer et de St-Pol. L'éleveur de M. Masson, d'Attin, arrondissement de Montreuil, y obtint 900 francs, alloués pour la première prime.

Un dépôt de chevaux du haras appartenant à l'administration royale, est en station à Fauquembergues depuis 1842.

Dès l'année 1839, un comice agricole avait été installé dans cet endroit, sous la présidence de M. Henri marquis de Dion.

Parmi ses membres honoraires, cette Société compte avec orgueil : MM. Demousseaux de Givré, préfet du Pas-de-Calais; de Verteillac, sous-préfet de St-Omer; Gaugea, préfet de la Vendée; Doyen, sous-préfet de La Tour-du-Pin; Boncourt, ex-sous-préfet de St-Omer; Lesergent de Monnecove, ex-député de l'arrondissement de St-Omer; Quenson, conseiller du département, président du tribunal civil de St-Omer; Dekeiser, conseiller du département, juge au tribunal civil de St-Omer, membre de la Chambre des députés; J. Derheims, le docteur Pallas; Pley, président de la Société d'agriculture de St-Omer, etc.

Conformément à la loi de 1796, Fauquembergues a en outre un bureau de bienfaisance composé de cinq membres, et présidé par le maire. Ses revenus sont de 2,000 francs et plus, sur lesquels on paie les honoraires d'un médecin chargé de visiter les malades à domicile.

A ces précieux établissements qu'on a créés dans

l'intérêt des classes indigentes, et de l'agriculture, un autre de la plus haute importance manque à cette localité, je veux dire *une compagnie de pompiers.*

Que l'exemple des villes et bourgs voisins vienne réveiller la philanthropie de nos administrateurs, par l'achat de pompes à feu si nécessaires aujourd'hui pour la sûreté générale. Ce n'est pas sans peine que, privé de ce secours, on est parvenu, en 1824, à éteindre les flammes qui, à différentes reprises, dévorèrent plusieurs habitations, entre autre, celle de M. Hermant Constantin.

Alors Fauquembergues n'avait que 185 maisons et 7 usines.

Un autre fléau, qu'aucune prudence humaine ne pouvait prévoir, désolait toute la France en 1832. Le *choléra morbus* frappait à coup redoublés dans la commune de Fauquembergues, où plus de 35 victimes succombèrent, malgré le zèle et les soins empressés de M. Seret, élève en médecine de l'école d'Arras, envoyé par le préfet, sur la demande de M. le maire.

Plus tard une maladie aussi terrible, *le tétanos*, vint jeter le deuil dans plusieurs familles.

La grande route qui traverse cette commune dans toute sa longueur, lui aurait-elle procuré ces diverses épidémies?

Cette route n° 28 de St-Omer à Rouen, a 61,081 mètres d'étendue.

On doit à l'habileté de M. Gobron, ancien curé, doyen de cette paroisse, qu'elle soit passée par Fauquembergues. Représentant ses intérêts au conseil d'Artois, il obtint l'exécution de ce chemin, le 30 mai **1772.**

Depuis ce temps, un mouvement et une circulation de voitures et de voyageurs rendent le séjour de cet endroit infiniment plus animé.

L'air qu'on y respire est sain; ses habitants sont robustes, généreux et affables.

Arrosé par l'Aa, la Lys et la Laquette, ce canton est exposé de temps à autre au débordement des eaux.

On ne saurait oublier la grande inondation de 1841.

Cette année des légions de braves traversèrent Fauquembergues. C'était les chasseurs d'Afrique qui du 16 au 22 avril, nous offrirent un spectacle aussi beau qu'imposant. Ces colonnes allaient à Paris recevoir leurs drapeaux des mains de Louis-Philippe 1er, roi des Français.

Lors du camp de St-Omer, le passage annuel des troupes fournit aux habitants l'occasion d'admirer la belle tenue et l'air martial de nos jeunes guerriers.

Fauquembergues, à dix kilomètres de Fruges, est actuellement l'un des trois bourgs de l'arrondissement de St-Omer, canton sud, du décanat de Notre-Dame, dix-neuvième perception (1). Il est compris dans les vingt-deux bourgs du département du Pas-de-Calais.

Deux écoles communales procurent une éducation soignée aux enfants des deux sexes de cette localité.

L'instituteur, M. Leverd, par ordonnance de M. Villemain, ministre de l'instruction publique, a été nommé membre de la commission de surveillance de

_____

(1) Percepteur, J. Décloitre, natif de Merck-St-Liévin, résidant à Fauquembergues.

la caisse d'épargne des instituteurs communaux, pour l'arrondissement de St-Omer, le 13 juillet 1841.

Président des conférences pour les instituteurs du canton, une médaille en bronze, à l'effigie de Louis-Philippe, lui a été décernée, au nom de l'académie de Douai, par M. Hochart, maire de Bomy, le 11 août de la même année.

M. Flament sous-inspecteur de l'arrondissement de St-Omer, en 1844, dans un journal publié sous les auspices de M. le recteur, s'exprime ainsi : « M. Le-» verd, à Fauquembergues, figure incontestablement » au premier rang des instituteurs dans les communes » rurales. »

» Entre les établissements communaux, ceux où » l'enseignement est le plus complet, où les méthodes » sont le plus comprises, où les progrès des élèves se » font le plus sentir sont :

» 1° Les écoles communale des *frères des écoles chré-» tiennes* de St-Omer et d'Aire, etc.

» 2° Les écoles communales de *Fauquembergues*, etc. »

Les usines de MM. Sanlecq, distillateur; de Pierre-Louis Leroy, corroyeur; Durand et Delannoy, teinturiers, y sont avantageusement connues. Des moulins à papier, à l'huile et au blé, ainsi que la briqueterie Leroy et Monsigny, répandent dans l'endroit une certaine aisance. Depuis longtemps la brasserie des Bonnière; les Obin, pour la blancheur de leurs toiles, et la tannerie Evrard, jouissent d'une réputation méritée.

Le commerce des céréales, de graines et de fourrage enrichissent les cultivateurs. Ils ont pour instruments aratoires la grande et la petite charrue, l'harrèle, le binot, la herse et le rouloir ou cylindre.

L'inégalité du terrain dans cette contrée tantôt plat tantôt montueux, tantôt humide et pierreux, rend la culture assez difficultueuse.

Presque tous les cultivateurs ont leur terre à trois soles.

Les jachères, cette plaie de la culture, disparaîtront sans doute devant les lumières du comice agricole de ce canton, lumières acquises par la longue expérience de la plupart de ses membres. Oui, nos Triptolêmes modernes rivaliseront d'efforts pour combattre les mauvaises méthodes, ruiner les mauvais procédés, innover quelquefois et améliorer toujours.

M. Doyen, sous-préfet de St-Omer, dans une séance publique tenue à Fauquembergues, le 27 mai 1841, leur donnait cet autre conseil : d'être sévères dans le choix des étalons et des taureaux pour obtenir de bons élèves en chevaux et en bêtes à cornes.

C'est pour obtenir ce résultat que son collègue, M. de Verteillac, sous-préfet actuel de St-Omer, a procuré au comice deux taureaux de la race Durham.

Désormais on ne pourra plus faire ce reproche à nos cultivateurs « que l'espèce des vaches de ce canton est petite et abâtardie, que les élèves sont faibles et mal conformés, qu'enfin les moutons : mérinos, métis et indigènes, sont petits et de mauvaise qualité. »

On serait tenté de croire cette allégation bien exagérée, si on en jugeait par les francs marchés de cette commune, marchés très fréquentés du reste.

En effet, Fauquembergues et Hucqueliers, auquel il communique par une des six routes principales qui y aboutissent, la quatrième limitant l'ancien Artois, sont les marchés où il se vend le plus grand nombre de

bêtes à laine de bonne race, qu'on envoie dans l'intérieur, et de là sur les frontières des départements du
Nord et de l'Aisne.

Fauquembergues a un simple marché la semaine,
deux francs marchés par mois, et deux foires dans le
courant de l'année, fixées au 2 mai et au 2 novembre.

On y afflue de tous les villages voisins, surtout depuis que par de belles routes communales, on en a facilité l'accès. Tel le chemin d'Arras, qui traverse Audincthun, pour rejoindre Térouanne et Aire; telle encore
les routes de Montreuil, de Fruges et celle de Boulogne
par Desvres, située sur la voie romaine du *septemvium*
à Térouanne par Fauquembergues.

Le *septemvium* composait les chemins de ces chaussées dites *Brunehaut*, qui traversaient les gaules de
Lyon à Boulogne, et Térouanne par Amiens.

Ces sept voies n'étaient que de simples chemins militaires, *viæ terraneæ*; la voie principale était ferrée de
pierres, *via lapicidium*; leur origine date de l'empereur
Auguste, 27 ans avant J.-C.

La première de ces chaussées traversait Wisques et
Lumbres aboutissant au *sinus itius*, St-Omer; la deuxième se terminait à Montreuil; la troisième par Desvres
à Boulogne; la quatrième par Sanlecques, Hucquin-
ghem, Licques et Guines, à l'embouchure du *sinus itius*;
la cinquième à Térouanne par Campagne-lès-Boulonnais et Fauquembergues; la sixième à St-Pol par Bourthes et Fruges; la septième enfin à Auxi par Herly et
le Vieil-Hesdin.

Il est fâcheux que l'histoire ne nous ait point transmis
les noms des auteurs de ces routes, qui toutes portent
le cachet du peuple roi, et nous laissent une bien noble
idée de la grandeur des Romains.

Celle qui traverse Fauquembergues, en vertu d'une décision du conseil municipal, dans la session de mai 1844, vient de recevoir les noms d'Amoric, de Gobron et de l'immortel Monsigny (1).

On ne peut qu'applaudir à cette heureuse innovation, en remplaçant ainsi des noms de rues forts insignifiants, par d'autres qui auront du moins quelque renommée ou quelque portée dans l'histoire.

C'est sous cette impression, sans doute, que plusieurs autres rues de cette localité viennent de recevoir encore de nouveaux noms.

On appellera désormais 1° la Grande-Place, Place des comtes de Fauquembergues;

2° L'endroit qui se trouve au bout du jardin du presbytère, Place du Château;

3° Le Marché-aux-Vaches, rue de Luxembourg;

4° La rue du Bout-de-la-Ville, rue de St-Omer;

5° Le chemin qui conduit à l'annexe de la paroisse, rue de St-Martin;

6° Le Cul-du-Sac, impasse Garlet.

Viennent ensuite les rues des Jardins, d'Arras, d'Abbeville, de Boulogne, de Montreuil, des Moulins et de la Poterie.

Ainsi ces diverses dénominations rappelleront: Amoric, prince saxon, restaurateur de la ville de Fauquembergues; le nom de la place, toute la gloire qui se rattache à ses anciens comtes; de Luxembourg, cet impétueux comte qui, au prix de sa vie, voulut venger

(1) La ville de Paris a donné le nom de rue Monsigny à la rue qui fait face, au nord, au théâtre Vantadour; St-Omer doit aussi avoir sa rue Monsigny; déjà Boulogne a la sienne.

un affront essuyé par la fille de son roi ; de Monsigny, l'immortel auteur du *Déserteur* et de *Félix* ; de Gobron enfin, ce digne ecclésiastique qui obtint la route royale qui traverse Fauquembergues.

Cette localité, comme tout le canton, aura donc fourni quelques grandes pages à l'histoire.

Fauquembergues, en effet, ne nous laisse plus rien à désirer sur son ancienne illustration.

Bomy, occupé par les Romains, sous Jules César, nous rappelle la trève conclue dans son château, le 30 juillet 1537, par les généraux de Charles-Quint et de François Ier.

Le fait d'armes de Charles de Bourbon, duc de Vandôme, avec les Impériaux, en 1523, a immortalisé Audincthun et Dennebrœucq, aux belles carrières de marbre.

Wandonne, appelé originairement *Pétressa*, pétresse, à cause d'une église érigée sous le vocable de Saint-Pierre, par Wambert, comte de Fauquembergues, eut sa gloire dans le chevalier Lyonnel.

Ce noble guerrier jouta, le 22 avril 1423, avec Poldron de Saintrailles, capitaine célèbre dans l'histoire de France, dans un tournoi donné à Arras, en présence de Philippe-le-Bon, duc de Bourgogne.

Fléchin est connu par le seigneur de Boncourt, qui, en 1353, fonda à Paris le collége de Boncourt, auquel il avait affecté des dîmes sur Amettes et Erny-St-Julien, vicomté de la famille de Ghistelles.

L'histoire a gravé aussi dans ses annales les noms de Merck-St-Liévin, de Thiembronne (1), d'Enguine-

(1) Voir mes notices sur ces deux communes.

gatte, de Renty, avec ses combats livrés sous son antique forteresse, et les exploits de ses aventureux barons ; enfin Fauquembergues seul a effacé toutes ces gloires, ayant eu l'honneur de donner le jour à l'un des plus grands musiciens français, le célèbre Monsigny.

(1) La famille de Monsigny est originaire de la Sardaigne, où elle avait joui d'une grande aisance. On ne sait pour quels motifs elle était venue se fixer, l'an 1500, dans les Pays-Bas. Le père et la mère du grand musicien que la nation française, juste et reconnaissante, comptera toujours avec orgueil parmi ses compositeurs les plus fameux, étaient nés à Desvres, arrondissement de Boulogne et s'étaient fixés à Fauquembergues.

L'amour avait formé leurs premiers liens; Pierre-Alexandre, fruit de cette union, naquit le 17 octobre 1729, et le 7 février suivant, sa naissance fut légitimée par les cérémonies du mariage, comme le prouve l'acte suivant extrait des registres de l'église de Fauquembergues.

« Lundi 17 octobre 1729, Pierre-Alexandre, fils illégitime de Nicolas Monsigny, et de Marie-Antoinette Dufresne, a été baptisé par moi soussigné, étant né le même jour....»

« Mardi 7 février 1730, après les fiançailles et les publications de bans dans cette église, ai solennellement conjoint en mariage Nicolas Monsigny, et Marie-Antoinette Dufresne, et à iceux donné la bénédiction

(1) Extrait de la biographie des hommes illustres de St-Omer, par H. Piers.—Jean Derheims, dans son histoire de la ville de St-Omer, a aussi donné une excellente biographie de Monsigny, ainsi que le *Progrès*, journal du Pas-de-Calais, dans son numéro du 19 novembre 1843.

nuptiale, et encore à Pierre-Alexandre Monsigny, leur fils, qu'ils ont appelé à cette cérémonie pour la légitimation.....

» *Signé* GOBRON, doyen de Fauquembergues. »

Dans sa plus tendre enfance, Fierre-Alexandre eut quelques troupeaux confiés à sa garde ; le spectacle de la nature fit comprendre sans doute la séduisante voix de ses religieux cantiques à l'âme attendrie du jeune berger, car il chantait toujours, en disant que c'était son plus grand besoin. « Bientôt il nous apprendra que ce n'est pas toujours des classes privilégiées par les richesses et la naissance, que Dieu fait sortir les hommes de génie (1). »

Charmé de son intelligence précoce, son père l'envoya au collége des Jésuites de St-Omer. Il venait de lui acheter, à la foire de Fauquembergues, un petit violon qui, comme un talisman, lui avait révélé tout à la fois son talent, sa gloire et sa fortune. «Porté vers l'étude de la musique, par un attrait invincible, il s'en occupait dans les instants qui n'étaient point employés aux travaux de ses classes (2). »

Quelque temps après, son père vint lui-même à St-Omer, occuper un modeste emploi de commis, chez M. Charles-Dominique Butay, alors fermier des droits perçus sur l'eau-de-vie, et intérsssé dans la pêche d'Irlande. (3).

M. Butay applaudit aux travaux de son nouvel aide, et fut surtout enchanté des heureuses dispositions du

(1) Jean Derheims.
(2) Bertrand de Boulogne.
(3) Alexandre d'Arras.

jeune Pierre-Alexandre pour un art qu'il affectionnait lui-même particulièrement. Il s'empressa de l'associer généreusement aux leçons de musique données à ses enfants. Ce fut, selon J. Derheims, le carillonneur de cette fameuse abbaye de St-Bertin, où tant de noms célèbres ont attaché leur souvenir, qui fut le premier maître de Monsigny.

Ce fut dans le chœur de la paroisse de St-Denis, à St-Omer, qui avait retenti des premiers accents du vertueux Suger, que se fit d'abord entendre à un chétif lutrin, la voix du sensible auteur de *Félix*... « Le chant nous vient des anges, et la source des concerts est dans le ciel (1). »

Il préluda au collège où il fit d'excellentes études, à ces beaux airs qui ont été accueillis dans toute l'Europe ; et les compagnons de ses travaux quittaient avec empressement leurs récréations, pour savourer le délicieux plaisir de l'écouter.

Après la mort de son père, il partit pour Paris, en 1749, sans nom, sans protection, sans autre fortune qu'une modique somme de six écus qui lui était revenue pour tout héritage, et le petit violon favori du pays natal. Mais il était guidé par une impulsion irrésistible vers une glorieuse carrière, et il n'avait pas vingt ans !

Il ne tarda pas à obtenir dans la capitale, un poste dans les bureaux de la comptabilité du clergé, dont le produit l'aida à placer convenablement ses frères, et à donner à sa mère et à sa sœur une existence agréable.

Les chefs-d'œuvre des Jomelly et des Perlogèse exaltèrent bientôt son instinct musical, son goût inné pour

(1) Chateaubriand.

l'harmonie , et dès lors « il se sentit destiné à opérer une révolution dans notre musique dramatique. »

L'opéra comique venait de naître : Monsigny en fut réellement le principal fondateur.

Gianotti, contre-bassiste de l'opéra, cultiva les étonnantes dispositions que l'ardent artésien avait reçues de la nature, et lui enseigna les premières règles de la composition.

Dix ans après son arrivée à Paris, son premier ouvrage, auquel il avait travaillé en secret, *les Aveux indiscrets,* fut salué sur le théâtre de la Foire-St-Laurent, le 7 février 1759, par le triomphe le plus flatteur.

L'approbation générale décida tout à fait de sa vocation.

Le *Maître en droit* fut joué le 13 février 1760 ; le *Cadi dupé,* le 4 février 1761 ; ces deux pièces de Lemonnier, furent les précurseurs heureux des chefs-d'œuvre qu'allait créer le mélodieux virtuose.

« Trop modeste pour sa gloire, car il ne voulut jamais se ranger que parmi les simples amateurs, il refusa longtemps de livrer au public son nom, qui fut cependant connu ; la grace de ses compositions et la terminaison italienne du mot *Monsigny,* le firent prendre pour un Italien. Il passa longtemps pour tel, et l'on ne parlait que de *M. Moncini* ; c'est ainsi que l'on défigurait son nom dans les journaux.

Sédaine s'associa ensuite aux succès du nouvel orphée, dont il était digne par son mérite. Cet excellent auteur dramatique s'était écrié, après un duo du *Cadi dupé* : « Voilà mon homme ! »

Dès le lendemain, il s'empressa de faire connaissance avec Monsigny. Leur amitié l'un pour l'autre devint fort vive dès le premier instant, et l'alliance de leurs talents produisit plusieurs ouvrages qui sont encore présents à la mémoire des amateurs.

Voici l'ordre des opéras de Monsigny avec la date de leurs représentations :

On ne s'avise jamais de tout , 14 septembre 1761, de Sédaine.

Le Roi et le Fermier, 22 septembre 1762, de Sédaine.

Rose et Colas, 8 mars 1764, de Sédaine.

Aline, reine de Golconde, mai 1766, de Sédaine.

L'isle sonnante, 4 janvier 1768, de Collé.

Le Déserteur, 6 mars 1769, de Sédaine.

Le Faucon, 19 mars 1772, de Sédaine.

La Villageoise, ballet représenté à la cour, le 7 mai 1775.

La belle Arsène, 14 août 1775, de Favart.

Félix, 24 novembre 1777, de Sédaine.

Le Triomphe, cantate qui fut exécutée sous sa direction, à Paris, à l'occasion de la bataille de Marengo.

Indépendammment d'*Aline*, il avait encore composé deux autres grands opéras qui ne furent point représentés : *Pagamin de Monègue* et *Philemon et Baucis*, paroles de Sédaine. Il craignait la concurrence avec Gluck et Piccini. Il avait fait encore, en 1774, avec Anseaume, *le Rendez-vous bien employé*. *Félix* est le chef-d'œuvre et le dernier ouvrage de Monsigny ; à 48 ans, il cessa de compsoser.

En 1768 , Monsigny avait quitté sa place de l'administration financière du clergé de France, pour remplir celle de maître d'hôtel du duc d'Orléans (Louis-

Philippe, aïeul du roi des Français), prince qui aimait les arts, et qui facilita à son protégé le loisir et les moyens de s'y adonner avec sécurité.

Il fut nommé ensuite administrateur des domaines et inspecteur-général des canaux d'Orléans, et commissaire dans la liquidation des dettes de cette maison.

Monsigny, qui avait gagné la confiance du prince, rendit d'importants services en obtenant beaucoup de grâces pour les autres, et n'en demandant jamais pour lui.

La Révolution lui enleva tous ces avantages et la presque totalité de ses économies. Pendant les années orageuses de nos discordes politiques, il vécut pauvre et oublié.

L'extérieur de Monsigny était agréable, ses manières douces et prévenantes. Il s'était marié en 1784, avec une femme qui le rendit constamment heureux. « Il n'était pas moins recommandable par ses mœurs, son esprit et ses qualités sociales que par la supériorité de son talent. » — « Il ne démentit jamais la noblesse de son caractère : sûr d'avoir assez travaillé pour sa gloire, il refusa constamment de transiger avec ses sentiments et d'immoler ses principes à sa fortune. »

En 1798, les artistes du théâtre Favart, en reconnaissance des immenses services qu'il leur avait si généreusement rendus, acquittèrent l'ancienne dette de la comédie italienne, en lui fesant un pension de 2,400 fr. En 1800, il remplit la place supplémentaire d'inspecteur de l'enseignement au conservatoire de musique, vacante par la mort de Piccini, et maintenue en sa faveur par le ministre de l'intérieur ; il s'en démit au bout de deux ans.

La Société des *Enfans d'Apollon* le reçut au nombre
de ses membres le 23 mai 1811 ; le chancelier, M.
Bouilly, le surnomma dans cette solennité , le *Lafon-
taine de la musique,* et le vénérable vieillard éprouva
la touchante satisfaction de voir tout ce qui l'entourait
applaudir avec ivresse le beau trio de *Félix.*

Devancier de Gétry, il lui succéda à l'Institut, en
1813. « Ce n'est pas une des moindres bizarreries de
la Révolution, que l'on ait pu, sans révolter tous les esprits, établir dans une classe académique de beaux arts,
une section de musique, dont l'auteur de *Félix* et de la
belle Arsène, ne fît point partie ; il était âgé de 84 ans
lorsqu'on songea à réparer cette injustice. »

Louis XVIII le créa, en 1815, membre de la Légion-d'Honneur, et l'année suivante le comprit dans la
réorganisation de l'Institut, et le décora du cordon de
l'ordre de St-Michel : « Honorables mais trop tardives
récompenses » ont répété ses biographes.

On s'est demandé pourquoi depuis l'admirable par-
tition de *Félix,* la plume de Monsigny était restée oi-
sive ; pourquoi ce grand compositeur s'était arrêté
dans la force de son âge et de son talent ? Quelques
mécontentements contre les comédiens ont-ils causé sa
retraite prématurée ? Le sentiment vif et noble que lui
avaient donné ses succès en a-t-il abrégé le cours ?
« Sa sensibilité avait été trop vivement excitée ; son
amour pour son art avait été jusqu'à l'enthousiasme ;
ses facultés s'éteignirent de bonne heure. » Son cœur
était impressionnable au suprême dégré ; déjà plus
qu'octogénaire, il pleurait à chaudes larmes, en expli-
quant un jour la manière dont il avait voulu rendre la
situation de Louise, dans le *Déserteur,* quand elle re-
vient graduellement de son évanouissement. « Qui

l'aurait vu dans le moment du travail, se serait écrié en
employant l'expression des Grecs : *le dieu est en lui!* »
Un excès de modestie et de désintéressement contribua-
t-il à borner la carrière lyrique de cet auteur, dont le
génie se développait par des progrès continuels? Enfin
sa charge de maître d'hôtel chez le duc d'Orléans, en
lui procurant une indépendance désirée, favorisa-t-elle
la disposition où il était de ne rien faire? On a dit
encore qu'admis dans les cercles brillants de la duchesse d'Orléans, des dames de la plus haute distinction exigeaient qu'il mît en musique les productions
bonnes ou mauvaises des beaux esprits qu'elles proté-
geaient ; que fatigué de cette obsession; il déclara un
jour qu'il ne ferait plus de musique, et qu'il tint parole.
Il avait perdu la vue dans son extrême vieillesse, et
était devenu, a-t-on allégué, tellement indifférent à la
musique, qu'on le vit bailler à quelques airs de *Félix*.
En ce cas, il ne serait que trop vrai que « disparaître
à propos de la vie est une condition de la gloire. »

Monsigny fut importuné par les sollicitations réitérées d'une foule d'individus de son pays, qui se pré-
tendaient ses parents et qu'il ne connaissait aucune-
ment. « Il y a 55 ans que je jouis à Paris de la plus
grande considération, j'ai perdu ma fortune, mais ma
considération me reste, je veux la conserver pour mes
enfants.... Il y a plus de 50 ans que j'ai rompu toute
correspondance avec votre province..... » — « Je n'ai
fait que des ingrats de ceux que j'ai obligés, et souvent
des insolents de ceux auxquels je n'ai pu être utile.
J'ai perdu les yeux.... Peu d'hommes ont rempli les
devoirs de famille comme je l'ai fait envers mes frères
et sœurs.... Je suis humilié d'avoir été sans cesse me
sâlir dans la poussière des bureaux de l'administration
des droits réunis, pour y solliciter la place la plus su-

balterne, et d'avoir eu jusqu'à présent la mortification de n'avoir pu l'obtenir.... Il est un terme à tout, même à l'obligeance et à la bienfaisance!.... » (*Lettres de Monsigny*, 1804.)

Ces tracasseries intérieures qui ont troublé la vie de Monsigny, auraient-elles influé sur la résolution de renoncer à son art et à la renommée?

Retiré depuis longtemps dans une petite maison du Faubourg-St-Martin, Monsigny y mourut paisiblement, le 14 janvier 1817, âgé de 88 ans moins trois mois, doyen des musiciens, « étranger à toutes les coteries, dédaignant les prôneurs, resserré dans le cercle de ses habitudes domestiques. »

Ses funérailles furent célébrées le 16, dans l'église de St-Laurent, sa paroisse ; « elles ont été remarquables par un concours nombreux d'artistes, qui se sont fait, avec raison, un devoir de rendre ce dernier hommage à celui qu'ils n'ont cessé de regarder comme leur maître. Une députation de l'Institut y a assisté. M. Quatremère de Quincy a prononcé un discours sur la tombe du défunt. »

M. Quatremère de Quincy a lu ensuite un *éloge de Monsigny* dans la séance publique de l'Académie des beaux-arts, le 3 octobre 1818.

Le 23 août 1819, l'académie d'Arras a décerné une médaille d'or de la valeur de 200 francs à M. Alexandre, d'Arras, l'un des trois concurrents pour l'éloge historique de Monsigny.

M. Hédouin a dédié au même musicien, en octobre 1821, une *notice historique*, beaucoup mieux écrite et beaucoup plus complète. La Société académique des *Enfans d'Apollon* à qui cette notice fut adressée, en récompensa l'année suivante l'auteur, par le don d'une belle médaille. M. de la Chabcaussière a composé quelques vers heureux sous le titre d'*Hommage à Monsigny*.

Son apothéose eut lieu à l'Opéra-comique à Paris et à Bruxelles.

Il chante d'instinct, a dit Gétry, « fidèle interprête des accents de la nature, il aimait à surprendre, pour ainsi dire, sur le fait, et prenant son violon, il jouait aussitôt d'inspiration les airs qui ont encore tant de charmes pour les cœurs sensibles. »

Les partitions de Monsigny sont disséminées dans tous les théâtres de l'Europe. « Le naturel heureux et original de ce célèbre musicien est encore aujourd'hui très goûté dans toute l'Italie, où ses pièces sont souvent représentées. » (La Harpe). « Le laurier de Monsigny ne se flétrira point. » (Journal des *Débats*, 1817.)

« Un jour le public ramené au goût du vrai, du beau, du simple, à celui de l'imitation de la nature, type et modèle unique des beaux arts, réservera son enthousiasme pour ces chants divins dont la gloire ne se borne pas à des impressions rapides et fugitives sur un seul de nos sens, mais qui pénétrant jusqu'à l'âme, y excitent des émotions profondes que la main du temps ne peut effacer. »

L'intérêt le plus vif se rattache toujours à un grand homme, et l'éclat que sa renommée fait jaillir sur sa patrie, exerce une si noble influence, que pendant des siècles on a vu des villes rivaliser de zèle et de travaux pour acquérir le droit de se dire le berceau du génie. Ainsi longtemps on a douté si Monsigny était de Saint-Omer ou de Fauquembergues.

Appuyé sur ce doute, le maire de St-Omer écrivait à madame veuve Monsigny, le 27 mars 1817 : « La ville de St-Omer, sa patrie et son berceau, ne peut rester indifférente sur une si grande perte pour les arts. Elle se fait un devoir de jeter des fleurs sur la tombe du célèbre Monsigny... Jalouse de perpétuer le souvenir d'un de ses enfants...., elle sollicite la faveur d'obtenir une copie de son portrait et son acte de naissance, désirant placer dans son sein l'image fidèle de celui qui l'honore. Ce monument, élevé par la reconnaissance, sera en même temps un germe précieux pour l'encouragement de la jeunesse. »

La *Feuille de St-Omer*, seul journal alors de cette cité, s'exprimait ainsi: « La ville de St-Omer, illustrée par les talents et les vertus de Monsigny, s'empressera sans doute de rendre honneur à sa mémoire, soit en plaçant un marbre pour indiquer la maison où il est né, soit en exposant son portrait dans la bibliothèque publique, soit en faisant recueillir et publier tout ce qui concerne la vie et les ouvrages de cet homme justement célèbre. » (1)

La Société philarmonique de St-Omer, dont le salon est décoré à juste titre du portrait de Monsigny, rend un digne hommage à notre illustre compatriote, par ses talents et sa bienfaisance. « La première distribution des prix de l'école de musique, dans ce salon qui porte

_____

(1) Les habitants de Fauquembergues, surtout les administrateurs de cette localité, devraient bien méditer ces paroles de la *Feuille de St-Omer*. Oui chacun, pour l'honneur de Fauquembergues, devrait suivre le conseil de ce journal. Désormais tout rappellera dans ce bourg le berceau du grand Monsigny. Grâce à l'initiative de M. Jules Saint-Amour, de St-Omer, déjà une rue porte le nom de MONSIGNY ; bientôt, j'espère, son buste sera placé dans la salle de la mairie, et une inscription indiquera l'ancienne habitation du plus célèbre des compositeurs français.

son nom, le **16** octobre **1830**, a offert un convenable encens à l'auteur de *Félix* et du *Déserteur*. »

Le buste de Monsigny est l'un des principaux orne-ments de la nouvelle salle des concerts.

Une notice sur cet illustre musicien fut lue dans la séance publique du comice agricole de Fauquember-gues, dans le courant d'août **1843**.

« Lorsqu'étourdi du fracas de l'enceinte agitée de la capitale, continue M. Piers, le voyageur désire retrouver quelque calme indispensable, il quitte un monde vain et trompeur, il dirige sa course mélancolique vers ce mémorable champ du repos qui possède les cendres de tant de fameux personnages, et bientôt son attention se fixe particulièrement sur les inscriptions plus ou moins fastueuses qui embellissent les monuments fu-néraires. Je m'y trouvais (Piers), le **17** octobre **1831**, et après avoir posé des fleurs sur le cippe de marbre noir, consacré à la mémoire de l'abbé Grosier, de Saint-Omer, conservateur à la bibliothèque de l'arsenal, je voulus encore, comme artésien, apporter le même tribut à Monsigny, le jour anniversaire de sa naissance. C'est avec une peine infinie que je parvins à découvrir son humble tombe dans la 46ᵉ division, toute couverte de feuilles jaunes, entre quatre tuyas, à vingt pas de la route, à gauche en montant l'avenue au-dessus de la chapelle. La pierre tumulaire porte cette inscription :

Spes † mea.

Ci gît
Pierre-Alexandre
de Monsigny,
Chevalier de l'Ordre royal

de la Légion-d'Honneur,
Membre de l'Institut royal
de France,
mort à Paris
le 14 janvier 1817,
âgé de 87 ans et trois mois.

DE PROFONDIS. »

« Là dort abandonné, dit *le Conducteur aux cime-tières de Paris,* l'auteur de la musique du *Déserteur* et de *Félix,* et ses travaux charment encore, presque tous les soirs, les oreilles difficiles des dilettanti de la capitale, qui lors de leur visite au Père-Lachaise, n'honorent seulement pas sa tombe modeste d'un doux regard qui soit dicté par la reconnaissance. »

Toutefois, selon l'expression heureuse du *Progrès* du Pas-de-Calais, dans son n° du 19 novembre 1843, ce nouveau Lazarre n'est point resté dans le tombeau, bien que sa résurrection ait dû payer son impôt aux spéculations industrielles de notre époque.

» Après un demi-siècle de sommeil, la reprise du *Déserteur* et de *Louise* vient d'émouvoir notre département, tellement il est vrai de dire que : quand même l'art serait dépravé ou mort, ce chant là aurait encore de l'écho. »

La foule curieuse a donc pu admirer de nouveau tout ce qu'il y avait de sentiment et de génie, tout ce qu'il y avait de suave, d'énergique et de saisissant dans les compositions de Monsigny, car : il chante d'instinct, il chante avec son âme, disait encore le *Progrès.* Ainsi s'est réalisée la prédiction du journal des *Débats !*

C'est encore pour perpétuer la mémoire de Monsigny, que M. Jules Saint-Amour écrivait en ces termes à M. le baron Le Sergeant de Monnecove, maire de St-Omer, le 12 mai 1844.

SOUSCRIPTION MONSIGNY.

« Cette souscription a pour but, monsieur le Maire, d'élever, dans notre ville, un monument à la mémoire de ce savant musicien, composé d'un buste en marbre exécuté par le célèbre David, de l'Institut, dans la proportion du buste de M. Parent-Réal, et placé sur un piédestal portant une couronne d'or avec cette simple inscription au milieu : MONSIGNY............ Les marbres que j'ai obtenus du gouvernement, avec le secours de M. Taillandier, membre de la Chambre des Députés, pour l'exécution de ce monument, sont déjà en la possession de M. David, ainsi qu'il le déclare dans son engagement en tête du livre de la souscription. J'ai cru convenable, monsieur le Maire, avant d'appeler sur cette souscription toute votre attention et celle du conseil municipal, de proposer à la commune de Fauquembergues, qui a la gloire d'être le berceau de Monsigny, de prendre l'initiative, et elle s'est empressée de répondre à cet appel dans les termes suivants :

« Le conseil (*séance du 5 mai* 1843),

» Considérant qu'on ne saurait assez perpétuer la » mémoire d'un citoyen à qui le bourg de Fauquem- » bergues s'honore d'avoir donné naissance,

» Est d'avis unanime,

» Qu'une somme de vingt-cinq francs sera prélevée » sur les fonds des dépenses imprévues au budget de » 1844, pour contribuer aux frais du buste du célèbre » Monsigny. »

Plusieurs Sociétés savantes de Paris, le *Caveau* et la

Société des Enfants d'Apollon ont déjà voté quelques fonds pour cette œuvre.

Ce buste une fois exécuté pour la ville de St-Omer, l'intention de M. J. St-Amour est aussi d'en faire obtenir un *fac simile* pour la commune de Fauquembergues.

Après avoir vu naître l'illustre Monsigny, cet endroit donna encore le jour à Messieurs :

Jacques Bonnière, chanoine de Fauquembergues, ancien curé de Wandonne et curé doyen de Merck-St-Liévin, en 1733 ;

Paul Gérard Bonnière, ex-vicaire de Merck-Saint-Liévin, et curé d'Audincthun ;

Gobert Philippe, curé de Naourd, canton d'Albert, diocèse d'Amiens, décédé à l'âge de 69 ans ;

Gobert Guilain, son frère, lauréat et novice de la célèbre abbaye de St-Bertin, ancien professeur du collége de St-Omer, membre honoraire de plusieurs Sociétés savantes, prêtre habitué à Fauquembergues ;

Lourdel Vinoc, sous-publicat au collége royal de Saint-Wast, à Douai, décédé vicaire de Samer à l'âge 35 ans ;

Royer, curé d'Hesmond ;

Jennequin, directeur du pensionnat, et curé d'Hauteville ;

Jérôme Lourdel, receveur d'enregistrement à Bonneval, département d'Eure-et-Loire ;

Fournier, décédé notaire à St-Omer (1) ; enfin MM. Carpentier frères, dont l'un fut trésorier de la ville de St-Omer.

(1) M. Lancel, receveur d'enregistrement à Fauquembergues, épousa une demoiselle Fournier.

Un enfant de Fauquembergues, François-Joseph Lourdel, soutenait une thèse pour la licence à la Faculté de droit de Paris, dans la séance publique du 15 mars 1844.

Le canton de Fauquembergues, à l'organisation de 1801, comprenait douze communes, comme en 1789; il en compte aujourd'hui dix-huit peuplées de 11,598 habitants.

La superficie totale du chef-lieu est de 681 hectares; en 1833 il avait 1012 individus; même nombre en 1844, et 234 habitations.

Sa kermesse est fixée au troisième dimanche de septembre.

L'ensemble du canton donne en terre à labour 8,552 hectares; en jachères 3,939; en prairies naturelles 254; en bois 1208; en eaux 48; en courants et rivières non navigables, 47 hectares 16 ares; en chemin 282 hectares; 47 de places et de rietz incultes, dépendant des domaines communaux; 258 en marais non cultivés; 86 en terres incultes et stériles; enfin en villages y compris le bourg de Fauquembergues, pour les jardins, cours et vergers, 1,564 hectares; total général, 16,288 hectares 16 ares.

Ce canton a deux notaires : M. Brassart, résidant à Fléchin et M. Alloy, son collègue, à Fauquembergues. M. Braure y exerce les fonctions de juge-de-paix, ayant pour suppléant, M. Dominique Bonnière, adjoint au maire de la commune, M. Louis Gottiniaux; pour greffier, M. Dezeustre, en remplacement de M. Désanglois, décédé.

Fauquembergues et St-Martin-d'Ardinghem ne font, quant au spirituel, qu'une seule paroisse, administrée par MM. Bayard, curé-doyen de Fauquembergues, **et** Bailly François, né à St-Omer, vicaire audit lieu.

St-Martin-d'Ardinghem a donc son maire et son conseil municipal, formant pour le civil une commune entièrement séparée de celle de Fauquembergues.

Selon Harbaville, ce village est connu dès le VIIe siècle. L'espèce d'analogie que je remarque avec *Hebbingahem*, dénomination primitive de l'antique Sithieu, nous prouverait assez qu'*Hardinghaem* ou *Hardinghem* existait déjà avant l'arrivée de St-Omer à l'évêché de Térouanne.

Hardinghem du vieux mot saxon *harden* qui signifie endurcir, et du teuton *inghen*, maison (1), a reçu plus tard le nom de St-Martin, peut-être à cause de son église, bâtie sous le vocable de ce saint évêque, qui évangilisa la Morinie, théâtre de ses premiers travaux.

Les habitants de cette contrée le regardèrent comme l'apôtre de leur pays, et érigèrent en son honneur grand nombre d'églises : plusieurs villages en ont conservé le nom.

Baptisé à Térouanne en 334, il est probable que dans ses courses évangéliques, il visita *Hardinghem*, où les évêques de la capitale de la Morinie avaient une maison de plaisance.

L'église à laquelle on ne saurait assigner d'époque fixe, me paraît remonter à une haute antiquité.

Bâtie à Hardinghem, hameau ou annexe de Fau-

---

(1) Le champ des étymologies est vaste : aussi ai-je trouvé celle-ci qui est plus en rapport avec St-Martin-d'Hardinghem, à cause de la qualité de ses eaux limpides et abondantes : *Ard* ou *ad* à ; *lin*, l'eau ; *gen*, belle ; ainsi *Hardinghem*, mot composé du celtique, signifierait : *à la belle eau*.

quembergues, ne serait-elle point cette église dont parle Hennebert, dans son histoire d'Artois, que Wambert, comte de Fauquembergues, y aurait fait élever en 660, sous le vocable de St-Martin.

Sans doute qu'alors Fauquembergues avait ses deux églises ; l'une érigée en l'honneur de la Ste-Vierge, l'autre sous l'invocation du grand évêque de Tours.

En effet, d'après un *pouillé* rédigé dans le xve siècle, sous les yeux du cardinal de Créqui, évêque de Térouanne : parmi les bénéfices à la collation des évêques de la Morinie, on lisait : *sancta Maria Falcobergens*; et au-dessous de la ligne : *sanctus Martinus Falcobergens*, pour prouver que l'église de St-Martin était paroissiale de Fauquembergues, ou bien, le mot *Falcobergens* était-il ajouté après *sanctus Martinus*, pour le distinguer de plusieurs autres églises du diocèse dédiées également à St-Martin ?

Au reste, cette église doit être assurément très ancienne; ses voûtes épaisses, ses nefs aux ceintres écrasés, reposant sur des pillers d'une grosseur hors de proportion, viendraient assez à l'appui de cette hypothèse.

Victime aussi de la fureur des Normands, elle a dû être brûlée et rebâtie à différentes reprises sur un plan infiniment plus grand que celui d'aujourd'hui (1).

Les débris d'arcs ogives qu'on remarque sur les murs de cette église, tant au dehors qu'à l'intérieur, nous porte à croire qu'elle avait autrefois trois nefs.

(1) En face du portail, dans le cimetière, et à trois mètres de la haie, on a trouvé, il y a quelques années, des fondations et de vieux murs qu'on remarque encore près de la grande porte d'entrée de l'église.

Alors que Térouanne comptait encore parmi les villes de la Morinie, les prélats de ce siége avaient une campagne à St-Martin-d'Hardinghem, dont l'emplacement est encore appelé *cour l'évêque* (1).

Cette terre où s'élevait autrefois, près de l'Aa, l'antique demeure des évêques de Terouanne, ne laisse plus qu'entrevoir les tristes débris de la clôture du jardin. Là jadis, de pieux pontifes, venaient se délasser de leurs travaux apostoliques dans le silence de la retraite. Aujourd'hui on ne voit plus que quelques vestiges, et la faulx du moissonneur a passé sur ces ruines !

Près de cet endroit existe le chemin des *sorciers*, idée romantique, que nos bons paysans ont transmise d'âge en âge à leur crédule postérité.

En 1530, la ferme dite de l'*hospice*, suivant les titres de cette terre, et d'après un compte-rendu le 6 mai de la même année, appartenait à St-Martin-d'Hardinghem.

Trompé par ces pièces, M. Gobron, doyen de Fauquembergues, avait voulu que les malades et les enfants de St-Martin, profitassent des secours de cet établissement.

Aussi depuis 1703 jusqu'en 1739, ils n'avaient cessé d'y être admis, lorsqu'une décision du conseil d'Artois, vint, en 1742, remédier à cet abus.

Un autre compte de la maladrerie de Fauquembergues en excluait, en 1619, tous ceux de St-Martin, parce que c'était une terre à *clocher* et *seigneurie consi-*

(1) Le 2 juillet 1842, M. le chevalier Charles de Dion y fit opérer des fouilles qui lui amenèrent la découverte de plusieurs caves très curieuses, dont les murs et les voûtes étaient assez bien conservés.

dérable, mouvant du roi , et indépendante de Fauquembergues , de la régale de Térouanne et du bailliage de St-Omer.

En 1742, elle ressortait du bailliage d'Aire, et était
entourée des seigneuries de Fauquembergues, d'Audincthun , du Maisnil-Dohem , de Merck-St-Liévin et
de Thiembronne.

St-Martin-d'Hardingbem nous offre un exemple
frappant de la bizarrerie de la fortune, et de l'instabilité
des choses d'ici-bas.

En 1782, cette commune comptait parmi ses *notables*, le chef d'une famille aujourd'hui bien tombée;
Pierre Ignace de Beaussart, sieur de Fourcroix, homme
de fief de la terre de Geri , et marquisat royal de Lillers en Artois, né à St-Omer, sur la paroisse de Sainte-
Aldegonde.

Un *terrier* de la seigneurie de Fauquembergues de
1574, faisait mention d'un jardin de cinq quartiers,
appartenant au duc de Croy, seigneur et marquis de la
motte Warnecque, situé à Hervart, listant la grande rue
qui conduit à Fauquembergues.

Pour droit seigneurial, il payait au prince de Ligne,
le jour de saint Rémy, un denier pite parisis, huit
boisseaux de blé, trois chapons, trois poules et des *cor-
vées*.

Le comte de Fauquembergues touchait également
de Jean-Louis Duchoquel, lieutenant de la maréchaussée
d'Artois à St-Omer, né à Hervart, dans une maison
sise *aux preys Ladamont*, dix deniers parisis , douze
boisseaux d'avoine, mesure de Fauquembergues; et
pour sa pâture, dite *à joncq*, 17 sous 6 deniers obol
parisis; deux éteufs et un demi-chapon pour sa demeure.

Hervart avait alors un *prëy à Fontaines*, et la rue Duwette.

Hervart, hameau de St-Martin-d'Hardinghem, situé à l'extrémité de la *cour l'Evéque*, sur un affluent de la rivière de Thiembronne, n'est remarquable que par son antique château dont il n'existe plus qu'une tour à la date de 1121.

D'après un dénombrement du duc de Croy, en 1562, cette seigneurie consistait en terre dite *les fiefs d'Hervarre, oziers, prey, lutonnière, patures, secq pature, enclos, bois, eaux, viviers, château avec cour et basse-cour*.

Antoine d'Avroult, seigneur d'Helfaut, gouverneur de Quesnoy-le-Comte, possédait la seigneurie d'Hervart, en 1560.

Marie d'Avroult, comtesse de Vertin, hérita de cette terre, qui passa à Philippe-Antoine-Dominique-François, prince de Rubemprey, son époux.

Après son père, Anne d'Avroult, princesse de Rubemprey, apporta en dot la seigneurie d'Hervart, à Claude d'Oignies, seigneur de Rozinbos.

A quelques années de là, elle passa dans les mains de messire de Courrière, qui la vendit au sieur Antoine Bouvart.

Pierre Bouvart, son fils, époux de Jacqueline Wigneron, laissa à ses enfants les fiefs d'*Hervarre*.

Le château tomba en partage à Gilles Bonnière, de Fauquembergues, à cause de son mariage avec dame Marie Marguerite Bouvart.

Combien de temps M. Bonnière resta-t-il seigneur d'Hervart?

A la fin du xvie siècle, ou au commencement du xviie, messire François Macau en avait fait l'acquisition, ainsi que de la terre de Wuillametz, dépendante de St-Martin-d'Hardinghem, et attenante à Hervart.

En 1704, M. Jacques-François Macau était premier conseiller et pensionnaire de la ville de St-Omer.

La seigneurie de Wuillametz, en 1616, appartenait à M. François Gonthier, baron de Bincthun; en 1698, à Thomas du Wicquet, qui la laissa à sa veuve, dame Marie-Madelaine Disque.

Ce Thomas du Wicquet avait-il aussi succédé à M. Bonnière dans la seigneurie d'Hervart?

En attendant, le duc de Croy, marquis de War-necque, avait toute justice, haute, moyenne et basse, sur toute l'étendue de ces terres dont la *foy* et *hommage* appartenaient au prince de Ligne, comte de Fauquembergues.

Le duc de Croy avait seul le droit de pêche dans la rivière, à partir de Thiembronne, de l'endroit nommé *la Buchonnerie*, jusqu'à l'écluse où le seigneur de Merck-St-Liévin faisait *flotter ses preys*.

Il avait en outre le droit de pêche, à la rivière qui *flue* de Fauquembergues, au-dessus du pont de la *cour l'Evêque*, jusqu'au dessous du pont d'Ouve-Wirquin.

Comme je l'ai déjà dit, St-Martin-d'Hardinghem, après le sac de Térouanne, devint une seigneurie de l'évêché de Boulogne, partagée avec celui de St-Omer.

C'est en cette qualité que les prélats de ces deux diocèses donnèrent les noms suivants à la cloche que nous voyons encore dans le beffroi de l'église de cette paroisse;

« A la gloire de Dieu, et en l'honneur des saints, je suis nommée Pétronille-Françoise-Charlotte, par monseigneur Pierre de Langle, évêque de Boulogne, et monseigneur François de Valbelle de Tourves, évêque de St-Omer, seigneurs de *ceste* église, par indivis de la terre et seigneurie de St-Martin-d'Hardinghem, et de *ceste* église, et par noble dame, madame Charlotte de Pioge, épouse de M. Barbaray, commandant pour le roi, à St-Omer. »

Un écusson aux armes des deux prélats est empreint sur cette cloche, avec cette inscription au-dessous ; *Refudit Ignatius de Cock, anno* 1715.

Lors de la rédaction des coutumes générales d'Artois, siégaient parmi la noblesse : 1° Antoine-Joseph Bard, pour sa seigneurie de St-Martin-d'Hardinghem ;

2° Mᵉ Jacques-François Macau, avocat, licencié en médecine, pour sa terre d'*Herrewart* et de Willametz (1).

Sur une observation qui tendait à prouver que Saint-Martin-d'Hardinghem était de l'*avouerie* de Térouanne, le procureur d'office de St-Omer répondit : « que ce village n'était qu'une seigneurie et prévoté qui relevait à la salle épiscopale de l'évêché. Cependant suivant les lettres-patentes d'imposition et de répartition, la dite terre de St-Martin avoit été cotisée pour les réparations de la maison du roi de ce baillage. »

Hervart et *Wuilla-metz* (*metz*, borne; *villa*, métairie, campagne), hameaux de la paroisse de Saint-Martin-d'Hardinghem, par un édit du 12 mai 1530, avaient été soumis au bailliage de St-Omer, dont M. Macau d'Hervart était lieutenant-général, de 1742 à 1749.

En 1783, M. Macau, seigneur d'Hervart, fit une convention avec le sieur Cazier, bailli de Coupelle-

(1) Les prairies de Wuillametz appartiennent aujourd'hui à M. Pley, propriétaire à St-Omer.

Vieille, et propriétaire du moulin à l'eau de Merck-St-Liévin.

Ils arrêtèrent « que jamais on ne bâtirait de moulin sur la rivière d'Hervart et de Wuillametz, et que ledit seigneur n'accorderait la plus petite parcelle de ses biens, pour le même effet.

La seconde clause obligeait 1° le sieur Cazier à payer tous les ans, à M. Macau, six boisseaux de *blé froment, mesure de Fauquembergues.*

2° A moudre la *meunée* dudit Macau, chaque fois qu'il le désirerait, *sitôt après celle lors engrenée.* Cet accord devait exister, même le moulin changeant de propriétaire; aussi fut-il hypothéqué pour la sûreté du seigneur d'Hervart.

Le château que nous remarquons aujourd'hui lié à la tour, est de construction moderne. Il fut bâti par M. Macau, procureur d'office de la ville et comté de Fauquembergues. Une pierre au-dessus de la porte d'entrée dans le jardin, porte la date de 1787, avec cette devise : *utroque magnum.*

Alors un prêtre était attaché au service de la chapelle de cette maison.

La tourmente révolutionnaire ayant fermé les églises, l'oratoire d'Hervart subit le même sort. Après le concordat, M. Théodore Macau, en vertu d'une ordonnance de monseigneur l'évêque d'Arras, à la date du 19 juillet 1805 obtint le privilège de rouvrir cette chapelle.

Cette ordonnance était ainsi conçue :

Hugues-Robert-Jean-Charles de La Tour-d'Auvergne, par la miséricorde de Dieu et la grâce du saint Siége apostolique, évêque d'Arras,

Vu le décret impérial dont la teneur suit :

MINISTÈRE DES CULTES.

Extrait des minutes de la secrétairerie d'Etat,

Extrait du décret impérial du 3 ventose an XIII,

Napoléon, empereur des Français, sur le rapport du ministre des cultes, décrète :

ART. 1er.

Il est permis, d'après la demande de Mgr. l'évêque d'Arras, de faire dire la messe dans une chapelle dépendant de la maison de campagne de M. Macau d'Hervart, située dans la commune de St-Martin-d'Hardinghem.

ART. 2.

Le ministre des cultes est chargé de l'exécution du présent décret.

NAPOLÉON.

Par l'Empereur, le Secrétaire d'Etat,

HUGUES B. MARET.

Nous permettons à M. Macau d'Hervart de faire dire, dans la chapelle domestique de sa campagne située à St-Martin-d'Hardinghem, la messe, par un prêtre, approuvé de nous, tous les jours de l'année, à l'exception des suivants :

1° Le jour de Pâques ; 2° le jour de l'Ascension ; 3° le jour de la Pentecôte ; 4° le jour de l'assomption de la Ste Vierge ; 5° le jour de la fête de tous les Saints ; 6° le jour de Noël ; 7° finalement, le jour de la fête du patron de la paroisse.

La présente permission, valable jusqu'à révocation, que nous pourrons faire selon les circonstances, si nous la jugeons convenable ou nécessaire.

Donné à Arras sous notre seing, notre sceau, et le contre-seing de notre Secrétaire, le 30 messidor an XIII.

† CHARLES, évêque d'Arras.

Par mandement :

CRÉPIEUX, secrétaire.

M. l'abbé Pattin fut le dernier chapelain du château d'Hervart.

A la suite des divers changements survenus dans cette honorable famille, la chapelle n'ayant plus d'utilité, fut fermée de nouveau.

Tout son mobilier, linge, ornements, etc., ont été donnés par M. Macau aux églises de Dohem, d'Avroult, de St-Liévin et de St-Martin-d'Hardinghem, qui reçut le maître-autel.

M. Macau remplit longtemps les fonctions de maire de la commune de Merck-St-Liévin. Retiré à Audincthun, après le mariage de sa fille, le château d'Hervart appartint à M. Monfet, son gendre, originaire de la ville de St-Omer.

Madame d'Hervart, épouse de M. Macau, décédé à Audincthun, en 1816, possédait toutes les vertus chrétiennes.

Un marbre placé sur sa tombe rappelle ainsi les qualités de cette excellente dame :

Ci devant repose
En attendant la résurrection des corps,
Marie-Victoire-Alexandrine Legrand, décédée au château d'Hervart, le 9 octobre 1809, âgée de 53 ans, que sa grande piété, ses héroïques vertus et sa charité envers les pauvres ont rendue recommandable pendant sa vie.

REQUIESCAT IN PACE.

Dans l'église, vis-à-vis de l'autel de la Sainte-Vierge, on remarque cette autre pierre tumulaire, en marbre blanc, à la date de 1670, avec cette inscription :

« Cy gist le corps de damoiselle Anne de Vargelot, vefve de M. Soyer, décédée le 3 de juing 1670, fille de feu Charles de Vargelot, escuier, Sgr de Norcamp, et de damoiselle Anne Ovaert.

» *Requiescat in pace.* »

Au-dessus de cette épitaphe est gravée une femme debout, les cheveux épars, les mains levées, tenant dans chacune un ruban, à l'extrémité duquel est suspendu un écusson en forme de losange, traversé par une croix de St-André.

A la suite de la mort de leurs parents, MM. Monfet frères, retenus au service, comme officiers, louèrent la propriété d'Hervart à M. Loyl, ministre protestant, pour les familles anglaises qui habitaient l'arrondissement de St-Omer, en 1815.

Rentrés dans leurs foyers, MM. Monfet (1), quelques années après, habitèrent cette campagne, jusqu'à l'époque où ils la vendirent à M. Bernard De Schodt, dans le courant de novembre 1825 (1).

(1) L'un d'eux, M. Charles Monfet, propriétaire, reste actuellement à Fauquembergues.

(1) M. De Schodt dont le frère, ancien officier de cavalerie, habite le château de Campagne-lez-Boulonnais, appartient à une famille des plus honorables de la Flandre. Originaire de Bourbourg, son père, capitaine de navire, avait pour aïeul, oncle, tantes et cousins, M. De Schodt, pensionnaire de la ville et châtellenie de Bergues, en 1617.

Dame De Schodt, abbesse de Ravensberg, près de Milan, en 1763.

Dame Julie De Schodt, abbesse de Voostine, paroisse de Renescure, en 1767.

M. De Schodt, sous-préfet de Dunkerque, en 1814.

M. Charles-Omer De Schodt, prieur de l'ancienne abbaye de Clairmarais, décédé à St-Omer, en 1816.

Ainsi, après l'espace de deux siècles environ, la propriété d'Hervart par une suite de changements aussi rares qu'imprévus, revint à une arrière-petite-fille de ses premiers seigneurs.

Charlotte-Reine-Désiré Top, dont la mère comptait pour ayeux, Antoine Bouvart et Gilles Bonnière, rentra par son mariage avec M. De Schodt, dans l'antique donjon de ses ancêtres, le 24 mai 1826.

Le nouveau châtelain d'Hervart embellit singulièrement ce séjour par de récentes constructions. La belle tour, ce débris de la féodalité, qui a vu tant de générations naître et s'éteindre, peut, à l'aide de réparations nouvelles, franchir bien des siècles encore. Ce château du moyen-âge est bâti au milieu des eaux; les murs de la tour ont presque deux mètres d'épaisseur. Des jardins agréablement plantés, des pépinières et de riches prairies entourent cette propriété. Là, de la crête d'un petit bois, l'ancien Boulonnais, la belle route de Fruges, au pied, Fauquembergues et St-Martin-d'Hardinghem, offrent à l'œil étonné un superbe panorama.

En 1814, St-Martin-d'Hardinghem comptait 403 individus et 575 hectares de superficie, payant 3,774 fr. de contributions.

En 1823, il y avait 102 feux, quatre usines, brasserie, moulin et blanchisseries.

Cette même année, dans le courant de juillet, l'ancienne tour de l'église s'écroula tout à coup, au moment où des ouvriers se disposaient à la réparer; elle fut remplacée par une masse de maçonnerie de fort mauvais goût.

La population actuelle de cette commune est de 495 habitants, administrés par MM. Denis, maire, et Déjardin, adjoint.

En 1832, le *choléra-morbus* fit des victimes dans le hameau d'Hervart : trois maisons furent fermées, et huit personnes succombèrent à cette terrible épidémie.

On se rappelle le zèle infatigable dont fit preuve M. De Schodt, pour arracher à la mort les malheureux choleriques.

En terminant, ce hameau va nous offrir une anècdote assez curieuse, dont je laisse toute la responsabilité à son estimable auteur, M. de Bertrand, de Dunkerque.

« Vers l'époque de la bataille de Renty, au mois d'août 1554, vivait une pauvre vieille femme près du château d'Hervart, dont la tour saillante a su résister au temps qui ronge et détruit tout.

» Un jour, après la défaite des Espagnols par les soldats du roi de France Henri II, il advint que la pauvre femme reçut chez elle la visite d'un jeune officier blessé dans les dernières affaires.

» Mère, lui dit-il, en s'asseyant sur un escabeau, j'ai bien soif, donnez-moi un peu d'eau.

» La vieille alla puiser de l'eau dans une écuelle de bois et la lui présenta. — « Ah! que cette eau me fait éprouver d'aise, ajouta-t-il après l'avoir bue ; je respire plus librement. Que je vous sais gré de m'avoir soulagé ! »

» Dès cet instant, la conversation s'établit familièrement entre eux.

» La vieille femme s'était montrée si bonne et si prévenante dans cette entrevue, que le jeune militaire revint la voir le lendemain, puis un troisième jour, puis encore.

» Tous les jours elle redoublait de soins.

Il s'attacha à cette femme tant par reconnaissance que par le plaisir qu'il éprouvait en admirant l'exacte ressemblance de sa figure avec celle de sa mère.

» L'aisance ne tarda pas à régner dans la cabane où jusque-là on n'avait vu que peine et misère.

» L'hiver approchait; le jeune officier souffrait considérablement, sa blessure ne pouvait se cicatriser; son corps s'affaiblissait de jour en jour, ses traits changeaient visiblement.

» Un soir il lui fut impossible de sortir de la chaumière, son mal venait de redoubler.

» Mère,—lui dit-il au milieu de la nuit, à la clarté vacillante d'une lampe,—j'ai apprécié vos égards, vos soins, vos paroles de consolation. Je vous veux du bien. Je suis riche et maître de disposer de ma fortune. Les guerres civiles, les guerres au dehors m'ont privé dans mon enfance, de mon père, de mes frères et de mes plus proches parents. Ma mère seule me restait, je pouvais espérer pour l'avenir des jours plus heureux, mais le sort semblait me poursuivre. Dieu appela aussi à lui mon excellente mère peu de temps après mon entrée au service, en 1549. J'ai parfaitemeut senti ma position déséspérée; je ne me fais pas d'illusion; je suis convaincu qu'avant huit jours j'aurai cessé d'exister.

» La bonne femme se mit à pleurer.

» Ecoutez, Marguerite, j'ai mis ordre à mes affaires. Quand je vous quitterai, vous n'éprouverez pas le besoin; vous trouverez dans la cassette que je vous ai confiée, une preuve de mon amitié, ainsi consolez-vous.

» L'état critique du jeune officier ne fit qu'augmenter dès ce moment. Le médecin qui fut appelé ne conserva bientôt plus d'espoir de sauver le malade.

» Un matin il appela Marguerite d'une voix éteinte. Marguerite vint à lui. Que me voulez-vous? lui dit-elle.

» — A boire, ajouta-t-il, ma langue se dessèche, à boire.

» La bonne vieille lui porte un verre à la bouche : il en boit avidement. Deux secondes après, il expirait dans les bras de la pauvre Marguerite.

» Elle fut inconsolable pendant plusieurs jours ; il semblait qu'elle venait de perdre son enfant.

» La cassette quelle avait en son pouvoir fut ouverte après les funérailles du jeune officier. On y trouva son testament par lequel il léguait à Marguerite plus de 60,000 fr. en or et en papiers que renfermait la cassette.

» La bonne vieille ne voulut pas quitter sa modeste chaumière, malgré les instances réitérées de ses voisins : Ici, disait-elle, je retrouverai sans cesse des souvenirs de mon jeune et généreux ami.

» Elle fit des heureux, plus tard elle dota ses deux nièces qui s'établirent avantageusement dans le canton.

» Marguerite avait placé sur hypothèque (1) une partie de sa fortune dans l'étude d'un tabellion de la ville d'Hesdin; et par une manie de vieilles gens, elle retint une assez forte somme dans sa chaumière.

» On le sut dans le pays.

» Un matin on trouva Marguerite assassinée et la chaumière vide.

» Les coupables ne furent point arrêtés dans ce temps là; mais quelques années après, on apprit qu'on

_____

(1) La création de la conservation des hypothèques ne date que de l'année précédente, 1555.

avait pendu, dans les Pays-Bas, un voleur qui avait fait l'aveu, à sa dernière heure, des crimes de toute sa vie. Les noms de ses deux complices furent révélés alors; la justice les arrêta en France et les condamna à la mort. »

(*Souvenirs historiques*, **18 mars 1839.**)

APPENDICE.

PAGE 20.—Ayant eu le plaisir de rencontrer M. A. F. Dufaitelle, à St-Omer, pendant l'impression de cette Notice, je me suis fait un devoir de lui soumettre la note sur Hues de Tabarie, écrite à l'issue d'une conversation avec cet archéologue, au printemps dernier. Je dois à son obligeance les lignes suivantes sur le héros de l'Ordène de chevalerie et sur trois autres enfants de Fauquembergues, qui ont occupé des places importantes dans l'église, vers le même temps qu'Eustache de Fauquembergues était doyen de la collégiale de St-Omer (P. 46.). Le premier est Firmin de Fauquembergues, mort en 1400, abbé résignataire de Séry-au-Pré, diocèse d'Amiens; le second, Firmin Couplet, mort en 1438, après avoir gouverné pendant dix-huit ans l'abbaye d'Auchy-aux-Moines; et le plus connu des trois, Clément de Fauquembergues, doyen et chanoine de Paris, de Cambrai et d'Amiens, mort le 19 juin 1438, enterré dans l'église Notre-Dame de Paris. M. Dufaitelle m'a indiqué également un ouvrage appartenant vraisemblablement, par son auteur, au bourg dont j'esquisse l'histoire, mais sur lequel il n'avait encore recueilli que peu de chose; c'est le *Voyage de Bethel*, avec les préparations et méditations pour participer dignement à la Sainte Cène, par Jean de Foquembergues. *Charenton, Lucas*, 1665.

L'*Ordène de chevalerie* est un poëme du milieu du XIIIe siècle environ, composé de 508 vers romans, de huit syllabes. Le trouvère y expose d'une manière convenable les lois de la chevalerie, par la bouche de Tabarie qu'il suppose donnant l'initiation à son vainqueur, Saladin, redoutable et généreux ennemi des chrétiens. L'opinion la plus généralement répandue attribue ce petit poëme à Hues de Tabarie lui-même, et c'est à ce titre que ce preux figure dans la savante galerie des trouvères artésiens, que nous devons aux heureuses et persévérantes études de M. Arthur Dinaux (1). Nous ne croyons pas cependant que cette opinion puisse se soutenir en présence de la déclaration du poéte, nous prévenant qu'il va rimer et conter une histoire du temps passé qu'il a entendu raconter :

> Mès dés ore me convient retraire :
> A rimoier et a conter
> *Un conte c'ai oï conter,*
> D'un rois qu'en terre païenie,
> *Fu jadis* de grant sïgnourie
> Et mout fu loians Sarrazin ;
> Il ot à non Salehadins....

Certes ce n'est pas là le langage de celui qui raconte ses propres aventures.

Il faut donc ranger l'*Ordène* à côté des autres œuvres contemporaines des trouvères dont les auteurs ne sont pas plus venus jusqu'à nous que les architectes qui ont édifié nos églises monumentales. Qui sait aujourd'hui le nom des artistes dont le génie a élevé les cathédrales de Térouanne, d'Arras, de Boulogne, de St-Omer, les églises abbatiales de Saint-Vaast, de Saint-Bertin, de Cercamp, de Clairmarais? Qui nous

---

(1) Les *Trouvères artésiens.* Paris Teclsner ; Valenciennes, au bureau des Archives du nord, 1843 in 8· de 500 pages.

révélera le nom des poétes auxquels nos pères ont dû
le roman d'*Eustache-le-Moine*, le *Fabliau de Constant
du Hamel*, le *livre du chevaleureux comte d'Artois*, la
dramatique *complainte de Raoul de Créquy*, et la déli-
cieuse création du *dit des anelés?*

Le surnom de Tabarie vient d'une ville de Syrie,
que l'un des ancêtres de notre héros, Hugues ou Hues
de Fauquembergues, reçut, avec la principauté de Ga-
lilée, après la prise de Jérusalem (15 juillet 1099), en
récompense des services qu'il rendit aux croisés, sous
la bannière de Godefroy de Bouillon, la plus belle gloire
du Boulonnais. Hugues avait deux frères, qui se sont
également illustrés en Palestine, Guillaume, châtelain
de St-Omer, et Geoffroi, fondateur de l'ordre des Tem-
pliers. L'auréole de gloire que l'intrépide et sage Hues
de Tabarie sut attacher à son nom, souvent chanté par
les poétes, le fit porter avec un juste orgueil par ses
descendants. Celui que nous retrouvons tantôt prisonnier de Saladin, tantôt allant au secours de l'empereur Baudouin, à Constantinople, s'était croisé avec son
frère Raoul (Radulfus) et son ami Thierry (Theodo-
ricus) de Teuremonde. M. Arthur Dinaux a fort bien
traité cette question des deux Hues de Tabarie, qui
n'avait pas encore était résolue, p. 242-247, des *Trouvères artésiens*.

Page 33.—Nous empruntons une bonne note dans
un manuscrit du XVIIIe siècle, écrit de la main de Philippe Luto, curé de Boucres, près de Calais, mais qui
parait ne pas avoir été composé par cet historien
inédit du Boulonnais.

Le roi Philippe de Valois ordonna, en 1347, à tous
les seigneurs de la cour de se tenir prêts pour marcher
sus l'ennemi vers le temps dela Pentecôte.

La ville d'Amiens était le lieu du rendez-vous.

En attendant que les troupes fussent en état de marcher, il envoya à Boulogne le comte de Joigny, Charles d'Espaigne, le seigneur de Brimeux, et un maréchal de France, pour protéger le pays contre l'armée anglaise, qui y commettait toute sorte d'atrocités !

Une armée de 100,000 hommes, ou de 200,000 selon Froissart, se mit donc en marche, au commencement de juillet, toute la noblesse en tête, pour rejoindre le roi qui l'attendait dans le Boulonnais, ainsi que son fils aîné, Jean, duc de Normandie.

L'oriflamme, étendart qu'on ne portait que dans les guerres d'importance, y fut déployée.

Cette armée formidable traversa Fauquembergues et passant près de la ville de Desvres, vint camper à Wuissant, ou mieux se fixa le 27 juillet, sur le mont de Sangate entre Wuissant et Calais.

Comme le roi désirait secourir cette dernière place pressée par la famine, il lui envoya une flotte de 70 navires et 12 galères, pour soulager les assiégés.

N'ayant pu réussir, Jean, duc de Normandie, reçut l'ordre d'aller assiéger Cassel et par ce moyen forcer l'Anglais à décamper, pour secourir cette place.

Ce stratagème ne réussit point au roi de France ; son fils fut obligé de retourner à son poste, après avoir perdu dans une sortie plus de 1600 hommes, parmi lesquels se trouvait le seigneur de Renty. (*Anc. chron. de Flandre. Oudegeherst.*)

PAGE 69.—Les cloches trouvées en 1638 au château de Renty, par l'armée française, (1) furent apportées

(1) Dans le dit chasteau fut trouvé très grande quantité de mœubles et d'autres richesses, si comme cinquante cloches, trois desquelles

à Montreuil, vers le commencement de septembre, et remises entre les mains du commissaire de l'artillerie pour être vendues ou embarquées à défaut d'acheteur. Les mayeurs et échevins de Montreuil étaient alors sur le point de faire refondre la principale cloche de leur beffroi. Les trois cloches provenant de Merck-Saint-Liévin, *qui formaient accord*, les tentèrent singulièrement. On trouva que la cloche de la ville pesait 11,000 livres, celles de St-Liévin 14,500 livres, et que le plus bas prix à offrir aux commissaires était la vieille cloche avec deux mille livres de plus value. Le mayeur fut chargé de traiter l'affaire de la manière la plus avantageuse pour la ville. Il essaya d'abord un échange pur et simple, mais après plusieurs pourparlers, les commissaires déclarèrent qu'ils exigeaient absolument mille livres de plus value, et que si l'échevinage n'accordait cette somme, ils feraient de suite briser ces cloches, pour les mettre sur la barque, avec toutes les autres qu'on avait également trouvées à Renty.

Les mille livres furent donc accordées de l'avis du comte de Lannoy, gouverneur ; et deux habitants de la ville, Nicolas Lamirand et Gaspart Ducrocq, anciens échevins, avancèrent aussitôt la somme.

Les cloches de Merck-St-Liévin restèrent suspendues dans le beffroi de Montreuil, jusqu'en 1789 qu'on les fit refondre.

Leur métal est compris dans la grosse cloche actuelle.

estantes de Saint-Liévin, estoient prisées 18,000 florins, si grand nombre de coffres et de paquets remplis d'habits et d'argent que l'on eut pu en faire un second rempart allentour du chasteau, et du bled en ceste abondance qu'il y en avoit pour nourrir la garnison en deux ans.

(Extrait des Mémoires inédits de Pierre d'Haffreingues, lieutenant du mayeur de St-Omer.—Communiqué par M. A. F. Dufaitelle.)

Que sont devenus alors les cloches de Fauquembergues, qu'assurément on avait aussi cru mettre en sûreté, dans la forteresse de Renty (1)?

(*Article communiqué par M. Ch.* HENNEGUIER, *avocat
à Montreuil.*

PAGE 80.—Loin de fuir devant l'ennemi, comme dans
cette malheureuse guerre, à une autre époque, les reliques de St-Liévin furent portées triomphantes à la tête
des troupes du duc de Bourgogne lors de sa rentrée
dans la ville de Gand.

Ecoutons Commines avec sa naïveté ordinaire, nous
rapporter cet endroit dans ses Mémoires, à l'année
1466 :

« Le lendemain , dit-il , que le duc y eut fait sa
» rentrée (à Gand), ils se mirent en marche sur le
» marché, et y portèrent un sainct qu'ils nomment
» sainct Liévin, et heurtèrent de la châsse du dit sainct
» contre une petite maison , appelée la maison de la
» *cueillette,* où l'on levait aucunes gabelles sur le bled,
» pour payer aucunes debtes de la ville, qu'ils avaient
» faites, pour payer le duc Philippe de Bourgogne,
» quand ils firent paix de la guerre avec lui, (car ils
» avoient esté en guerre deux ans contre le dit duc),

(1) Les cloches et la batterie de cuisine, prises sur l'ennemi, appartenaient au grand maître de l'artillerie ; aussi étaient-elles enlevées
sans miséricorde lorsqu'elles n'étaient pas rachetées par les habitants.
C'estce qui explique les fréquents voyages des cloches cherchant dans
les forteresses un abri tutélaire qui a plus d'une fois trompé leur espoir. Les habitants de Fauquembergues purent s'applaudir d'avoir
sauvé leurs cloches, alors que le maréchal de Brézé. envoyé tardive-
ment pour renforcer l'armée occupée au siége de St-Omer , se joi...
le 22 juillet à Fauquembergues , au maréchal de Châtillon, contrain..
d'abandonner son entreprise ; mais leur joie ne fut pas de longue
durée, car le 10 du mois d'août la forteresse de Renty, moins heureuse
que celle de St-Omer, se rendit aux Français.

(Note de M. A. Dufaitelle.)

» et en effet ils dirent que le dict sainct vouloit passer
» par la maison, sans se tordre, et en un moment
» l'abbatirent. »

PAGE 92, ligne 5.—Au lieu de : *ma terre et prairie
de la motte Warneque,* lisez : *ma terre et prairie de la
motte Wanecque.*

PAGE 98. — Le 12 septembre 1792, le brave Du-
mouriez, avec 23,000 hommes, tenait en échec 83,000
Prussiens, dans la forêt de l'Argonne, dont le nom doit
être à jamais fameux dans nos annales. Accablé par le
nombre, ce grand capitaine opéra une retraite qui lui
fut aussi glorieuse que la victoire ; la Croix-aux-Bois
fut attaquée par des Autrichiens et des émigrés commandés par le prince de Ligne, comte de Fauquembergues.

(THIERS. Hist. de la Révol. franç.)

PAGE 106.—En 1822, M. Bouffe, officier de santé
à Fauquembergues, fut l'un des principaux vaccinateurs
du département du Pas-de-Calais. En cette qualité,
d'après un arrêté du ministre de l'intérieur, vu la décision du roi, 11 septembre de la même année, M.
Bouffe reçut un prix de 300 francs, accompagné de
deux rapports présentés au ministre de l'intérieur, par
le comité central de vaccine, sur les vaccinations pratiquées en France pendant les années 1820, 1821 et
1822.

M. Hermant, alors maire de Fauquembergues, lui
remit au nom du ministre, une superbe médaille en
argent, portant d'un côté l'effigie de Louis XVIII, de
l'autre, le vieil Esculape debout, appuyé sur une jeune
femme, représentant sans doute la vaccine. Près d'eux,
en petit, une vache et une lancette avec le millésime
de 1804.

Sur l'épaisseur de la pièce est gravé : M. Bouffe, officier de santé à Fauquembergees, 1822. »

« Parmi les pierres calcaires de l'Artois, le marbre qu'a découvert le sieur Brunion architecte, dans le village de Vandonne, doit tenir la première place : on peut en voir la description dans l'Almanach d'Artois de 1761. Le public retirerait de grands fruits de l'excavation de cette carrière ; outre le profit qui en reviendrait, cela formeroit de bons ouvriers des gens qui restent oisifs tout le temps qu'ils ne peuvent pas travailler à la terre : oisiveté qui est la source de l'indigence dans laquelle se trouvent les paysans qui n'ont que les mains pour vivre. »

(*Mémoires sur quelques fossiles d'Artois*, par un membre de la *Société littéraire d'Arras*, 1765).

Monnaies du Comté de Fauquembergues, d'après
les planches de Mr Alexandre Hermand, membre
de la société numismatique de Londres,
&a

1 et 2, deniers anonymes de Fauquembergues, trouvés
à Térouanne, ancienne Capitale de la Morinie.

3 denier de Fauquembergues, de la Comtesse Eléonore,
d'après une ordonnance Royale de 1315

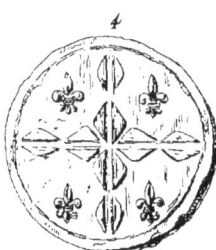

4 florette de Fauquembergues, sous Charles VI, selon
Turpin, Ducange, Hennebert, &a Hist. d'Art.

5 Sceaux
des
derniers Comtes
de Fauquemb.es,
Maison de Tagne

SCEAUX DE LA CONTE DE FAVCOVEMBERGVES

CONTRESELLE DELA VILLE ET CONTE DE FAVCOVEMBERGES

B.R

www.ingramcontent.com/pod-product-compliance
Lightning Source LLC
Chambersburg PA
CBHW052057090426
42739CB00010B/2214